C.H.BECK WISSEN

Ob deutsche Geheimdienste oder Nachrichtendienste aus anderer Herren Länder – ganz gleich, in was für einem politischen System sie agieren: Sie zeichnen sich stets durch das Bemühen aus, im Verborgenen, ja, gleichsam im Dunkeln zu wirken. Der vorliegende Band erhellt mit Blick auf die deutsche Geschichte dieses oft folgenreiche geheime Treiben. In seiner souveränen Einführung legt Wolfgang Krieger die Organisation, die Zielsetzungen und die politische Einbettung der deutschen Geheimdienste in ihrer historischen Entwicklung offen – von Vorläuferinstitutionen im Deutschen Bund, Kaiserreich und in der Weimarer Republik über die berüchtigten Sicherheitsorgane im NS-Regime, über die «Organisation Gehlen» in der unmittelbaren Nachkriegszeit bis hin zum BND in der Bundesrepublik und dem Ministerium für Staatssicherheit in der DDR. Aus dieser wechselvollen Geschichte heraus, die aufs Engste mit der gesellschaftlichen Entwicklung Deutschlands verknüpft ist, wird das immer schon zwiespältige, von Misstrauen geprägte Verhältnis der Deutschen zu ihren Nachrichtendiensten verständlich. Diese Problematik setzt sich im Spannungsfeld zwischen NSA-Affäre und Terrorismusbekämpfung, NSU-Skandal und Aufdeckung staatsfeindlicher Netzwerke bis in die Gegenwart fort.

Wolfgang Krieger ist Professor em. für Neuere Geschichte an der Philipps-Universität Marburg und war Fellow in Harvard und Oxford. Einen Schwerpunkt seiner Forschung bildet die Geschichte der Geheimdienste im globalen Kontext. Er ist Mitglied der *Unabhängigen Historikerkommission zur Erforschung der Geschichte des Bundesnachrichtendienstes 1945–1968*. Im Verlag C.H.Beck ist von ihm bereits erschienen: *Geschichte der Geheimdienste. Von den Pharaonen bis zur NSA* (^{3}2014).

Wolfgang Krieger

DIE DEUTSCHEN GEHEIMDIENSTE

Vom Wiener Kongress
bis zum Cyber War

C.H.Beck

Originalausgabe

www.chbeck.de
Satz: C.H.Beck.Media.Solutions, Nördlingen
Druck und Bindung: Druckerei C.H.Beck, Nördlingen
Reihengestaltung Umschlag: Uwe Göbel (Original 1995, mit Logo),
Marion Blomeyer (Überarbeitung 2018)
Umschlagabbildung: Der US-Pilot Gary Powers wird am 10.2.1962
auf der Glienicker Brücke den Amerikanern – im Austausch für
den sowjetischen Spion Rudolf Iwanowitsch Abel – übergeben.

Printed in Germany
ISBN 978 3 406 76432 5

myclimate

klimaneutral produziert
www.chbeck.de/nachhaltig

Inhalt

1. Die unbeliebten «Dienste» der Deutschen

In Deutschland sind die staatlichen Geheimdienste unbeliebt wie nirgendwo sonst in der westlichen Welt. Was die Niederländer, Franzosen, Briten, Spanier, Amerikaner, Israelis und andere im demokratischen Westen als einen selbstverständlichen Teil moderner Politik begreifen, wird hierzulande, jedenfalls in den Medien, Parteien und Parlamenten, als skandalanfälliges, notwendiges Übel erachtet, das möglichst starken Kontrollen zu unterwerfen sei. Defizite bei der Leistungsfähigkeit nimmt man billigend in Kauf.

Als Grund für diesen deutschen Sonderweg in Sachen Geheimdienste liest man oft, die Deutschen litten noch unter dem Schock der Nazi-Gestapo und der DDR-Stasi. Doch im historischen Vergleich drängt sich eine andere, weitaus plausiblere Erklärung auf: Die Deutschen haben ihre Geheimdienste nie als Garanten ihrer nationalen und persönlichen Sicherheit oder als heroische Akteure bei der «Rettung des Vaterlandes» erlebt, wie es im Westen im Zweiten Weltkrieg geschah. Man denke an die Unterstützung der britisch-amerikanischen Geheimdienste für die europäischen Widerstandsbewegungen gegen die NS-Expansions- und Gewaltpolitik. Alle Versuche, ein solches Narrativ auch in Deutschland zu etablieren, schlugen nach 1945 gründlich fehl, wie noch zu berichten sein wird. Selbst der islamistische Terrorismus der Gegenwart und die neuen Bedrohungen durch das Internet konnten daran wenig ändern.

Hinzu kommt, dass die deutsche Geschichte vergleichsweise wenig von zwei Faktoren geprägt wurde, die bei anderen westlichen Nationen eine historisch verankerte Geheimdiensttradition begründeten: die Übersee-Reiche und die Hochseeflotten. Für beides sind effiziente Geheimdienste unerlässlich. Seit den antiken Großreichen der Ägypter, Babylonier, Assyrer und Perser ließen sich geographisch weit gespannte, multi-ethnisch zusammengesetzte Imperien nur dann aufrechterhalten, wenn Unruhen und Aufstände rechtzeitig unter Kontrolle gebracht wurden – mit Hilfe von geheimdienstlichen Informationen und gezielten Militäreinsätzen, die man als «Strafexpeditionen» kennt. Aber auch der Fernhandel bedurfte von jeher eines leistungsfähigen Informationsnetzes. Handelsflotten und Kriegsflotten waren ebenso auf diese Art von «Vorauswissen» gestützt, wie der chinesische Militärstratege Sunzi bereits um 500 v. Chr. klar herausarbeitete. Hieraus entstanden die wesentlichen Impulse für eine geheimdienstliche Tätigkeit. Im deutschen Sprachraum hat allenfalls die Habsburgermonarchie frühzeitig moderne geheimdienstliche Strukturen herausgebildet, weil sie sowohl im «Alten Reich» bis 1806 als auch danach multi-ethnisch angelegt und somit vergleichbaren Zwängen ausgesetzt war wie die neuzeitlichen Überseereiche der Spanier, Portugiesen, Niederländer, Briten und Franzosen. Im übrigen Deutschland dachte man lokal und festländisch. Das Maritime spielte erst seit dem ausgehenden 19. Jahrhundert eine Rolle für Politik und Strategie, ohne dabei tiefer in das deutsche Staatsdenken einzudringen.

Vor diesem Hintergrund lässt sich besser verstehen, warum das nicht-habsburgische Deutschland, also das deutsche Kaiserreich von 1871 und sein Nachfolger, die heutige Bundesrepublik Deutschland, vergleichsweise spät – und dann nur eingeschränkt – den Anschluss an die Geheimdienstgeschichte der modernen Welt gesucht hat. Und es mag auch erklären, warum bisher eine wissenschaftlich fundierte Darstellung der Geschichte deutscher Geheimdienste fehlt, die hier im Rahmen eines kleinen Taschenbuches nur skizziert werden kann.

Ein weiteres Problem sind die großen Forschungslücken. Nur für die vier Jahrzehnte nach 1945 gibt es eine breit angelegte, auf einer gründlichen Auswertung von Akten und anderen Quellen beruhende Forschungsliteratur. Das gilt vor allem für die Geschichtsschreibung zur DDR-Staatssicherheit, die hauptsächlich den Mitarbeitern der Stasi-Unterlagen-Behörde (BStU) zu verdanken ist. Zur Geschichte des westdeutschen Bundesnachrichtendienstes (BND), von seiner Entstehung 1945/46 bis zum Ende der Ära Gehlen 1968, erscheint derzeit eine 15-bändige Buchreihe aus den Arbeiten der Unabhängigen Historikerkommission zur Erforschung der Geschichte des Bundesnachrichtendienstes (UHK). Zum Bundesamt für Verfassungsschutz und zum Bundeskriminalamt liegen neueste Untersuchungen vor, allerdings mit dem Schwerpunkt auf dem NS-belasteten Personal der ersten Jahrzehnte nach 1945. Eine historische Studie zum Militärischen Abschirmdienst (MAD) wurde ebenfalls publiziert. Die Inlandsgeheimdienste der Länder (Verfassungsschutz) sind allerdings noch wenig erforscht.

Welchem Zweck dienten diese Dienste? In welchem Verhältnis standen sie zu den beiden anderen Typen von sicherheitspolitischen Institutionen, nämlich Polizeibehörden und Militär? Wie war ihr Einsatz geregelt? Wer übte jene Kontrolle über sie aus, die alle Staatstätigkeit auf ihre Verfassungsmäßigkeit und auf die Einhaltung der Gesetze zu prüfen hat? Das sind einige der Fragen, die hier zu stellen sind. Aus der Fülle der Ereignisse und handelnden Personen wird nachfolgend eine Auswahl getroffen, um grundsätzliche Fragen und durchgängige Themen anschaulich zu machen. Bei Forschungslücken ist man auf begründete Vermutungen, bei Erklärungsdefiziten auf plausible Hypothesen angewiesen, die dem Leser als solche angezeigt werden. Eine Parade der «Skandale» oder der «großen Spione», wie man sie in der einschlägigen Publizistik findet, hat hier nichts zu suchen. Allerdings verdient das Führungspersonal nach 1945 unsere Aufmerksamkeit, weil sich hieran einiges über den Umgang der Politik mit ihren «Diensten» aufzeigen lässt. Für die minutiösen historischen Details, soweit sie erforscht sind, sei auf Nachschlagewerke und Spezialliteratur verwiesen, die im Anhang sowie auf der Internetseite zu diesem Buch genannt werden.

Begrifflich werden in diesem Band diverse Vereinfachungen vorgenommen. Anstelle des amtlich verordneten Begriffs «Nachrichtendienst» wäre «Geheimdienst» präziser, denn ohne den Zusatz «geheim» bezeichnet der deutsche Begriff «Nachrichtendienst» eine Nachrichtenagentur oder fachbezogene Periodika. Zuweilen findet man die Erklärung, ein «geheimer Nachrichtendienst» beschaffe nur Informationen, während ein «Geheimdienst» zusätzlich Geheimoperationen («verdeckte Operationen») durchführe. Das deutsche Strafgesetzbuch (Paragraph 99) spricht von der (strafbaren) Tätigkeit für den «Geheimdienst einer fremden Macht». Das ist eine implizite moralische Abwertung ausländischer Dienste gegenüber dem «Bundesnachrichtendienst», der laut BND-Gesetz (Paragraph 1) «zur Gewinnung von Erkenntnissen über das Ausland, die von außen- und sicherheitspolitischer Bedeutung für die Bundesrepublik Deutschland sind, die erforderlichen Informationen» sammelt und auswertet. Ob er noch andere Aufgaben hatte oder hat, ist nicht gesetzlich festgelegt und nicht offiziell bekannt. Somit sind die Begriffe «geheimer Nachrichtendienst» und «Geheimdienst» weitgehend austauschbar zu verwenden. Ein wenig seltsam ist die Bezeichnung der deutschen Inlandsgeheimdienste als Ämter «für Verfassungsschutz», weil sie streng genommen nicht die Verfassung, sondern die Verfassungsordnung samt ihren Organen sowie die Bevölkerung einschließlich ihrer zivilgesellschaftlichen Institutionen zu schützen haben. Die Sprache verrät das Unbehagen im Umgang mit den «Diensten».

Als selbständige Institutionen im Staatsapparat gibt es Geheimdienste erst seit dem Beginn des 20. Jahrhunderts, einige Jahrzehnte früher als Abteilungen im Militärapparat und in den Behörden der inneren Sicherheit. Jedoch begann die Professionalisierung, also eine systematische Ausbildung des Personals, noch erheblich später – ausgenommen die Spezialisten für die Ver- und Entschlüsselung von Meldungen (Kryptologen). Sie entwickelten bereits in der Frühen Neuzeit eine eigene Fachliteratur. Während jedoch Geheimdienste (als eigenständige Bürokratien) vergleichsweise neue Institutionen der «Staatsgewalt» (Wolfgang Reinhard) sind, reichen die schriftlichen Belege für die «geheimdienstliche Tätigkeit» etwa 3500 Jahre zurück bis ins Alte Ägypten.

Diese Unterscheidung zwischen der geheimdienstlichen Tätigkeit und ihrer Institutionalisierung (und Bürokratisierung) ist historisch von großer Bedeutung, hilft aber auch, die aktuelle Lage besser zu verstehen, weil selbst heute noch an vielen Stellen außerhalb «der (staatlichen) Dienste» geheimdienstlich gearbeitet wird. Das ist vor allem in der Privatwirtschaft der Fall, also bei Kaufleuten, Reedereien und Banken, später in Ölfirmen und bei High-Tech-Konzernen. Ob Wirtschaftsspionage eine staatliche Aufgabe sein soll, ist in den westlichen Demokratien umstritten. Allerdings gehört sie offiziell zum Auftragsprofil des britischen MI6. Wie mehrere ehemalige britische Minister öffentlich bestätigten, ließen britische Regierungen ausländische Verhandlungsdelegationen, beispielsweise im Rahmen der Europäischen Union, abhören, um sich Vorteile zu verschaffen. In Frankreich gibt es seit 1997 eine staatliche «École de guerre économique» sowie eine große Fachliteratur, die in zahlreichen spezialisierten Ausbildungsgängen an Universitäten und Wirtschaftsakademien verwendet wird. In den USA wird die ausgreifende Sanktionspolitik sowie die unter Präsident Donald Trump forcierte Zoll- und Handelspolitik vor allem durch das amerikanische Finanzministerium betrieben, dem die Geheimdienste zuarbeiten. Ausländische Firmen, auch deutsche, werden in den USA regelmäßig zu horrenden Strafzahlungen verurteilt, um sie (und ihre Regierungen) davon abzuhalten, die US-Sanktionspolitik – beispielsweise gegenüber Russland und dem Iran – zu unterlaufen. Das Beweismaterial für diesen Wirtschaftskrieg stammt aus einer engen Zusammenarbeit von Staatsanwälten, mächtigen Anwaltskanzleien und Regierungsbürokratie, denen die US-Geheimdienste zuliefern. Zu dieser «Exterritorialität der amerikanischen Sanktionen» präsentierte der französische Senat im Oktober 2018 einen hochinteressanten Bericht, aus dem klar hervorgeht, dass die USA die Geltung ihrer Sanktionen mit allen Mitteln durchzusetzen bereit sind, eben auch mit geheimdienstlichen. Weder die Europäische Union noch ihre Mitgliedstaaten können (oder wollen?) sich dagegen effektiv zur Wehr setzen. In Deutschland befasst man sich damit, wenn überhaupt, in defensiver Hinsicht, nämlich als Spionageabwehr gegen die Industrie-, Wirtschafts- und Technologiespionage von Diktaturen, obgleich das Bundesverfassungsschutzgesetz (§ 3) die Abwehr «geheimdienstlicher Tätigkeit ... für eine fremde Macht», also für alle ausländischen Staaten vorschreibt.

In Religionsgemeinschaften und politischen Parteien finden sich zumindest einige Elemente geheimdienstlicher Tätigkeit.

Besonders aktiv waren hier die kommunistischen Parteien. Aber auch die NSDAP hatte ihren «Sicherheitsdienst» (SD), um die Zuverlässigkeit der Parteimitglieder und Funktionäre zu erforschen. Nach 1945 hatten die westdeutschen Parteien (SPD, CDU, FDP) ihre «Ostbüros», mit denen sie Kontakte zu inhaftierten oder bedrängten Parteifreunden in der Sowjetischen Besatzungszone und später der DDR unterhielten. Aktuell sind nicht-staatliche Akteure dieser Art vor allem auf dem Feld des islamistischen Terrorismus zu finden, beispielsweise bei al-Qaida, IS oder Hamas.

Umgekehrt haben frühmoderne Staaten ihre nachrichtendienstliche Tätigkeit im Militär, in der Diplomatie, im Finanzwesen sowie – etwas später – in Post und Polizei kaschiert und als Arkanbereich streng abgeschirmt. Beispielsweise gab es im Postwesen des Heiligen Römischen Reiches sogenannte «schwarze Kabinette», in denen Post heimlich geöffnet, kopiert und dann der Staatsführung vorgelegt wurde. Heute spricht man von Kommunikationsüberwachung und Fernmeldeaufklärung (FMA).

Die Grenzen zwischen staatlicher und privater geheimdienstlicher Tätigkeit sind selbst im 20. Jahrhundert oft fließend. Typischerweise verschmelzen die Sicherheitsorgane von Partei und Staat, sobald totalitäre Parteien an die Regierung kommen. Das Reichssicherheitshauptamt (RSHA) von Heinrich Himmler ist dafür ein Beispiel, aber auch die «Stasi» verstand sich als «Schild und Schwert der Partei», obgleich das Ministerium für Staatssicherheit (MfS) eine staatliche Behörde war. Grauzonen von staatlicher und privater Geheimdiensttätigkeit finden sich bereits im 19. Jahrhundert, wo private Detekteien für Staatsorgane tätig waren. Seit dem späten 20. Jahrhundert spricht man vom «outsourcing» bestimmter Dienstleistungen, das bei den US-Geheimdiensten weit verbreitet ist, wie man spätestens seit dem Skandal um Edward Snowden weiß.

Das primäre Ziel der geheimdienstlichen Tätigkeit, nämlich geheim gehaltene Informationen über den Gegner zu beschaffen und an den Auftraggeber zu liefern, hat sich im Laufe der Geschichte wenig geändert. Doch die Wege der Beschaffung wurden seit dem 19. Jahrhundert revolutioniert – einerseits durch

Übertragungstechniken vom Telegraphen zum Telefon, zum drahtlosen Funk, dann zur Mobiltelefonie und zum Internet, andererseits durch nichtsprachliche Informationsträger wie Bilder, Videos, Radar, Sonar, radioaktive und elektromagnetische Strahlung sowie chemische, genetische und andere biologische Informationsträger. Historisch neu ist auch die mit der Drucktechnik beginnende offene Informationsbeschaffung (OSINT), die heute um das Internet und die Sozialen Medien (SOCMINT) erweitert wird. Die verdeckte Suche nach den Geheimnissen des Gegners oder des Rivalen hat jüngst Konkurrenz bekommen, denn durch die systematisierte Zusammenstellung offener Informationen lassen sich die dahinterliegenden Zusammenhänge oftmals erschließen, jedenfalls weitgehend. Dabei hilft die Digitalisierung von Informationen, also Data-Mining und Cloud-Computing mit der erforderlichen Hard- und Software (Algorithmen). Um es vereinfacht zu sagen: Internetkonzerne wie Google, Amazon und Facebook haben vermutlich mehr private Daten gespeichert als die Geheimdienste einzelner Staaten.

Aus politischer Sicht ist bemerkenswert, dass Diktaturen und freiheitliche Demokratien gleichermaßen dazu tendieren, keine unbeobachteten Kommunikationsräume zu dulden. Bei den Diktaturen bedarf diese Zielsetzung keiner besonderen Erklärung, weil sie eine demokratische Mitsprache der Bevölkerung verweigern und dadurch ein Potential an Resistenz, Verweigerung, Protest und Widerstand provozieren, das sie mit mehr oder weniger brutaler Repression auszuschalten versuchen – bekanntlich unter Einsatz von geheimdienstlichen Mitteln. Aber auch Demokratien wollen keine rechtsfreien Räume zulassen. Nur so glauben sie, die Sicherheit der Bürger und der Staatsorgane gewährleisten zu können. Doch hierbei entsteht ein Dilemma, wie kriminelle Personen und Feinde der freiheitlich-demokratischen Ordnung verfolgt werden können, ohne dabei die menschen- und bürgerrechtlich garantierten Freiheiten sowie die Privatheit der Bürger zu verletzen oder unverhältnismäßig einzuschränken.

Befürworter einer primär sicherheitspolitischen Denkweise gehen davon aus, dass die Tätigkeit von Geheimdiensten niemals vollständig in einen Rechtsrahmen gezwängt werden kann und sollte, um eine rasche Anpassung an aktuelle Herausforderungen zu ermöglichen und damit prioritär eine hohe Effizienz der Dienste zu erreichen. Sir David Omand, ein ehemaliger britischer Geheimdienstchef, glaubt: Wer nicht bereit ist, moralische Risiken einzugehen, hat im Geheimdienst nichts zu suchen. Demgegenüber fordern die Vertreter einer primär bürgerrechtlichen Sichtweise, grundsätzlich jede geheimdienstliche Tätigkeit, auch im Ausland und in Kriegssituationen, bis in alle Einzelheiten gesetzlich zu regeln. Dabei nehmen sie Einbußen bei der Effizienz der Dienste bewusst in Kauf und schließen eine Vielzahl von nachrichtendienstlichen Praktiken von vornherein aus.

Diese zwei Positionen stehen in engem Zusammenhang mit zwei sehr unterschiedlichen Sichtweisen der Geschichte der deutschen Geheimdienste. Die eine betont die Entwicklung der Dienste als Instrumente der inneren und äußeren Sicherheit. Sie fragt nach ihren Leistungen und Fehlschlägen in der Vergangenheit, aber auch nach ihrer institutionellen Einbettung, Professionalisierung und Anpassung an technologische und politisch-gesellschaftliche Entwicklungen. Die andere Sichtweise betont den repressiven, tendenziell antidemokratischen und deshalb für die freiheitliche Gesellschaft gefährlichen Charakter der Dienste. Deshalb sieht sie als historisches Leitmotiv eine Abfolge von Pannen, «Machenschaften» und Bürgerrechtsverstößen. Gewiss wird die Epoche der deutschen Diktaturen in beiden «Meistererzählungen» als Absturz ins Verbrecherische begriffen, doch ergeben sich auch hier signifikante Unterschiede in der Darstellung und Bewertung.

2. Deutscher Bund und Kaiserreich

Vor 1900 finden sich nur wenige Ansätze für eine dauerhafte institutionelle Verankerung der nachrichtendienstlichen Tätigkeit im Staatsapparat, wobei Österreich im deutschen Sprachraum eine Pionierrolle spielte. Bereits in der Regierungszeit von Kaiserin Maria Theresia entstanden schrittweise moderne Polizeibehörden. Ihr Staatskanzler Wenzel Anton von Kaunitz-Rietberg verbesserte das «schwarze Kabinett», welches zur Spionageabwehr, aber auch zur politischen Spionage diente. Beim Militär wurde 1758 auf Vorschlag von Feldmarschall Leopold Joseph Graf von Daun ein Generalquartiermeisterstab aus zunächst 40 Offizieren gebildet, der unter anderem für die Einrichtung sicherer Kommunikationswege und für die Beschaffung von militärisch relevanten Informationen über den oder die Gegner zuständig war. Gewiss wurden derartige Stäbe in Friedenszeiten immer wieder verkleinert. Ihre Finanzmittel wurden gekürzt. Doch ein personeller Kern und vor allem das gesammelte Informationsmaterial blieben erhalten.

Um diese Sammlung dauerhaft abzusichern, richtete Erzherzog Karl 1802 die «Evidenthaltungs-Abteilung» im Wiener Kriegsarchiv ein, der neben den im Ausland tätigen Militärspionen vor allem die entsprechenden Dienststellen in den Grenzprovinzen zulieferten. 1828 löste man die «Evidenthaltungs-Abteilung» aus dem Kriegsarchiv heraus und bildete eine kriegsgeschichtliche Abteilung, in der nicht nur die Kriegsgeschichte, hauptsächlich Operationsgeschichte, als unmittelbares Lehr- und Anschauungsmaterial für die aktuelle Generalstabsarbeit vorgehalten wurde, sondern auch das rasch anwachsende Informationsmaterial zu den interessierenden Regionen Süd- und Osteuropas. Doch erst 1850 gründete man das «Evidenzbureau», welches nach den leidvollen politisch-militärischen Erfahrungen der 1848er-Revolution einen zentralen militärischen Geheimdienst Österreichs auf der höchsten Kommandoebene bildete. Der erste Leiter war Oberst Anton von Kalik, der bis 1864 im Amt blieb. Österreich war damit fast allen größeren Mächten einen erheblichen Schritt voraus. Allerdings fehlte noch eine taktische Komponente, denn das 1813 geschaffene «Botenmeister-Corps», das aus berittenen Unteroffizieren der Grenz- und Feldjägerbataillone bestand und wahlweise in Uniform oder in Zivil zur Beobachtung eingesetzt werden konnte, hatte man bei Kriegsende aufgelöst.

In Preußen wurden die Kriegsakademie und ein Generalstab

erst mehrere Jahrzehnte später als in Österreich eingerichtet. Das geschah im Zuge der Militärreformen von Gerhard von Scharnhorst und August Neidhardt von Gneisenau (1807/1814), nachdem Preußen vom napoleonischen Frankreich vernichtend geschlagen und in seiner staatlichen Existenz bedroht wurde. Preußen war jedoch ein Pionier, indem es das Prinzip der Generalstabsarbeit nicht nur auf die oberste Führungsebene, sondern auch auf große Einheiten (Division, Korps) anzuwenden begann. Seit der Mitte des 19. Jahrhunderts wurde dieses Modell weiter ausgebaut und perfektioniert. Die Blitzkriege von 1866 und 1870 galten später als Erfolge dieser Generalstabsarbeit, die weltweit für viele Militärreformen des späten 19. und frühen 20. Jahrhunderts zum Vorbild wurde.

Seit 1810 wurden, erneut einer Idee von Erzherzog Karl folgend, Offiziere an verschiedene österreichische Botschaften entsandt, um dort ihren militärischen Sachverstand in die Diplomatie einzubringen. Daraus entwickelte sich der militärische Attaché-Dienst, doch es dauerte noch einige Jahrzehnte, bis dieser Gedanke von anderen Mächten aufgegriffen wurde. Immerhin schlug der russische Zar Alexander I. diesen Austausch auf dem Wiener Kongress vor. Doch dachte er eher an Liaison-Offiziere, also an persönliche Vertraute der Monarchen der Heiligen Allianz, um die für gemeinsame militärische Interventionen erforderliche Abstimmung zu erleichtern. Persönliche militärische Vertreter gab es zwischen Preußen und Russland bereits während der Befreiungskriege von 1813 bis 1815. Als dann der preußische Stabschef 1816 vorschlug, zu allen wichtigen Mächten militärische Vertreter zu entsenden, fehlten das Geld und der feste Wille. Auch der französische Außenminister hielt damals noch einen ähnlichen Vorschlag aus der französischen Militärführung für zu kostspielig.

Im Mai 1830 schickte Preußen den Generalstabsoffizier Kapitän von Cler nach Algerien, um die französische Kolonialexpedition zu beobachten. Sein Bericht, aber auch die Französische Revolution vom Juli 1830, führten zu einem Sinneswandel. Von Cler wurde als ständiger Beobachter in der preußischen Botschaft in Paris untergebracht. Möglicherweise war dieser Schritt die Geburtsstunde des Militärattachés im späteren Wortsinn. Doch blieb dies noch für viele Jahre ein Sonderfall. Erst 21 Jahre später akkreditierte Frankreich einen Militärattaché in Berlin. Wichtiger waren zunächst die Ad-hoc-Missionen zu besonderen Anlässen, insbesondere im Kriegsfall. Die Überlegenheit des residierenden Militärattachés konnte man allerdings am Beispiel des Krimkrieges erkennen, als die dreiköpfige amerikanische Delegation wegen allerlei bürokratischer Schwierigkeiten erst nach dem Fall der Festung Sewastopol eintraf, während der preußische Militärattaché aus Wien eine genaue Beobachtung der Politik und der Militärbewegungen Österreichs lieferte.

Als schließlich Militärattachés zu einer regulären diplomatischen Institution wurden, schuf man ein strenges Reglement, das Spionage sowie die Führung eines Agentennetzwerkes untersagte. In Österreich musste jeder Militärattaché dem Chef des Evidenzbureaus in die Hand versprechen, dass er sich an das kaiserliche Verbot der Spionagetätigkeit halten werde. Hingegen war bekannt, dass die Militärattachés der russischen Zaren regelmäßig Agentennetze aufbauten und führten. Militärattachés wurden jeweils dem Botschafter eines Landes zugeordnet und erhielten diplomatische Privilegien. Im Unterschied dazu wurden «Militärbevollmächtigte» typischerweise zwischen Verbündeten ausgetauscht, während man «Militärbeobachter» zu großen Manövern befreundeter Mächte entsandte. Somit entstand eine Form der offenen militärischen Nachrichtensammlung, die freilich die traditionelle Militärspionage nicht ersetzte. Doch nun war die systematische Erkundung der ausländischen militärischen Fähigkeiten mit dem neuen Beruf des Generalstabsoffiziers verknüpft. Man kann von einem ersten Schritt der Professionalisierung sprechen.

Was sollte mit den Berichten der Militärattachés geschehen? Offensichtlich machte es wenig Sinn, eine Menge von militärischen Informationen zu sammeln, ohne sie im Detail aufzuschlüsseln und griffbereit zu halten. Das Londoner Kriegsministerium richtete 1855 ein «Topographical and Statistical Department» ein, zunächst allerdings mit dem Ergebnis, dass die Indexierung hochwertiger war als die Dichte der Informationen. Deshalb wurde den Militärattachés aufgetragen, die großen Wissenslücken systematisch auszufüllen. Heute würde man von Anforderungen (*tasking*) sprechen, also von präzisen Angaben, welche Informationen gebraucht werden. Im Mai 1860 schrieb der britische Außenminister an den Oberkommandierenden der britischen Armee, man müsse wenigstens nach Berlin einen geeigneten Mann entsenden. Aber erst 1864 war man sich an der Regierungsspitze einig, dass solche Vertreter bei allen größeren Mächten, «sogar in Amerika», erforderlich seien. Dieser Gedanke setzte sich nun durch, weshalb beim preußischen Krieg gegen den Deutschen Bund von 1866 bereits eine ganze Schar von militärischen Beobachtern zugegen war, und zwar auf beiden Seiten.

Die Zahl der Militärattachés wuchs stetig an. Am Vorabend des Ersten Weltkrieges soll es 214 gegeben haben. Doch dauerte es noch lange Jahre, ehe man militärische Lageberichte tatsächlich zur Basis der operativen Führung und der Außenpolitik machte. Statt nüchtern-empirisch seine militärischen Chancen zu kalkulieren, setzte man lieber auf Pathos und Tradition. Das zeigte sich nach dem Deutsch-Französischen Krieg von 1870/71, als man in Frankreich begann, den völlig unerwarteten, raschen Zusammenbruch der eigenen Seite zu untersuchen und dabei von den Fehlern der Politik und der militärischen Führung abzulenken. Sogleich wurde der Vorwurf erhoben, die französische Militärführung habe ein völlig falsches Bild des deutschen Militärs gehabt. Daraufhin publizierte Oberst Stoffel, der französische Militärattaché in Berlin, seine Berichte aus den Jahren 1866 bis 1870. Er konnte nachweisen, dass er an den Pariser Fehleinschätzungen, die ja auch geheimdienstliche waren, keine Schuld trug. Immerhin wurde dabei aufgezeigt, wenn auch nur indirekt, was ein militärischer Nachrichtendienst in Friedenszeiten zu leisten hätte.

Das gleiche Verhaltensmuster der obersten militärischen Führung fand man übrigens noch bei den deutschen Debatten um die Schuld an der Kriegsniederlage von 1918, als das Militär alle Verantwortung von sich wies und die Niederlage den Politikern anlastete. Erst nach der französischen Niederlage von

1940 sollten die hohen Militärs mit derart abwegigen Erklärungen nicht mehr durchkommen und vom Parlament zur Verantwortung gezogen werden. Denn im Mai/Juni 1940 lag das französische Versagen nicht in erster Linie beim militärischen Geheimdienst, sondern bei der operativen Militärführung, die alles besser zu wissen glaubte.

Inlandsspionage und Polizei. Als erste Vorstufe eines deutschen Inlandsnachrichtendienstes kann die «Zentralkommission zur Untersuchung hochverräterischer Umtriebe» gelten, welche 1819 durch den Deutschen Bund in Mainz eingerichtet wurde. Nach den sogenannten «Karlsbader Beschlüssen», mit denen die Bundesstaaten den revolutionären Umtrieben von Liberalen und linken Kräften Einhalt gebieten wollten – man sprach von «Demagogenverfolgung» –, sollte ein einheitliches Vorgehen in allen Mitgliedstaaten sichergestellt werden. Personen, die man als gefährlich ansah, wurden mit ihren Identitätsmerkmalen festgehalten und den Justizbehörden sowie anderen staatlichen Stellen gemeldet.

Den Anstoß hatte ein Flugblatt zum Wartburgfest vom Oktober 1817 gegeben, das den vierten Jahrestag der «Leipziger Völkerschlacht» zum Anlass für einen Aufruf zum «Volkskampf» gegen «Babels Herrenthurm» und Fürstenherrschaft nahm. Der preußische Polizeiminister Fürst zu Wittgenstein (seit 1814) legte dazu eine umfängliche Materialsammlung an, die an die Regierungen im Deutschen Bund sowie an die Presse floss. Im März 1819 folgte sodann das Attentat des Theologiestudenten Carl Sand auf den Dichter August von Kotzebue, den er als «Verräter des Vaterlands» beschimpfte. Sand wurde bald zum Freiheitskämpfer stilisiert. Er selbst sah sich als Gotteskrieger. Doch war er wirklich nur ein Einzeltäter, oder handelte es sich hier um ein Komplott? Und wie sollten die Regierungen darauf reagieren?

Da brutale Härte der Staatsmacht die radikale Bewegung – vor allem an der Universität Jena – nur anheizen würde, war politische Klugheit gefordert. Um die Verbreitung von Hetzschriften zu unterbinden, würde es einer Pressezensur bedürfen.

Das in der Bundesakte (in Artikel 18) vorgesehene Pressegesetz wurde erst jetzt, im September 1819, verabschiedet. Hinzu kam ein Verbot der Burschenschaften im Universitätsgesetz sowie eine «Exekutionsordnung», welche Strafmaßnahmen gegen jene Mitgliedstaaten des Deutschen Bundes vorsah, die sich nicht an die neuen Gesetze hielten.

Die ebenfalls beschlossene Zentralkommission sollte nach verborgenen Netzwerken der Verschwörung suchen. Nach einer weiteren Welle von Anschlägen und Attentaten, insbesondere dem «Frankfurter Wachensturm» und dem Attentat auf die Bundesversammlung im April 1833, wurde in Frankfurt eine «Zentrale Untersuchungsbehörde» des Deutschen Bundes eingerichtet, um die Überwachung zu verschärfen. Hinzu kamen die geheimen Beschlüsse der Wiener Ministerialkonferenz von 1834, an denen jedoch nur die großen Mitgliedstaaten beteiligt waren. 2500 österreichische und preußische Soldaten wurden in Frankfurt dauerhaft stationiert.

Mit der «Mainzer Zentralpolizei» wurde «der erste institutionell selbständige, als Behörde organisierte, zentralisierte geheime Nachrichtendienst auf deutschem Boden» (Wolfram Siemann) geschaffen, der sogar Stützpunkte in Zürich und Paris hatte, weil sich dort die republikanischen Oppositionellen sammelten. Bis zu ihrer Auflösung im Februar 1848 wurden zahlreiche Dossiers erstellt, die nicht nur das politische Leben, sondern auch Künstler, Schriftsteller und Wissenschaftler erfassten. Eine gründliche Auswertung erfolgte in der Wiener Regierungszentrale von Staatskanzler Clemens Fürst von Metternich, der zudem ein besonderes «Ziffernkabinett» unterhielt, das abgefangene Briefe und Diplomatenpost entschlüsselte. Hier von einem Polizeistaat zu sprechen, wie es in der älteren Publizistik und Geschichtsschreibung oft geschieht, ist jedoch weit übertrieben, insbesondere wenn man an die totalitären Staaten des 20. und 21. Jahrhunderts denkt.

Die dahinterstehende geheimdienstliche Systematik hatte bereits Joseph Fouché entwickelt, zwischen 1799 und 1810 Polizeiminister unter Napoléon Bonaparte, als er forderte, jene Personen und Gruppen frühzeitig zu identifizieren und zu überwachen, welche die staatliche Ordnung (angeblich oder tatsächlich) gefährdeten. Er wollte «Recherchen zu allen Verschwörungen und Unternehmungen [durchführen], welche sich gegen die Verfassung, die Regierung und die obersten Personen der Justiz richten». Nicht nur die führenden Personen, sondern das Abstraktum der Verfassung wurde somit zum Terrain des Inlandsgeheimdienstes. Gewiss, die Karlsbader Beschlüsse wurden während der Revolution von 1848/49 aufgehoben. Doch der Gedanke des präventiven Verfassungsschutzes im Sinne des Schutzes der bestehenden politischen Ordnung blieb erhalten, wenn auch zunächst weitgehend im polizeilichen Rahmen.

Exkurs: Die Legenden des Wilhelm Stieber. Kurz vor Beginn des deutschen Krieges von 1866 erwirkte Ministerpräsident Otto von Bismarck einen königlichen Erlass, mit dem die «politische Feldpolizei» gebildet wurde, die sich später mit dem Namen Wilhelm Stieber (1818–1882) verband – genauer gesagt mit den Legenden um seine Person, wie sein Biograph Hilmar-Detlef Brückner in mühevoller Kleinarbeit herausfand. Stieber, der aus kleinbürgerlichen Verhältnissen stammte und militäruntauglich war, trat nach dem Jurastudium in die Berliner Kriminalpolizei ein, wo er eine Reihe von schwierigen Fällen löste, aber wegen mehrfacher Überschreitung seiner Befugnisse 1844 fristlos entlassen wurde. Fortan wirkte er als Strafverteidiger sowie als Journalist und Buchautor, zunächst vor allem als Polizeireporter für die liberale *Vossische Zeitung* und andere Blätter. Während der Revolution trat er als Reformer auf, korrespondierte mit Karl Marx von der *Neuen Rheinischen Zeitung* und erreichte schließlich mit königlicher Unterstützung den Wiedereintritt in den Berliner Polizeidienst. Erst während seiner Entsendung nach London, wo er den Kronprinzen beim Besuch der Weltausstellung von 1851 schützen sollte, begann seine geheimdienstliche Tätigkeit. Er bespitzelte deutsche «Revolutionäre» im Exil und verfasste allerlei phantasievolle Berichte zu kommunistischen Verschwörungen. Es folgte die Beförderung zum Leiter der Berliner Kriminalpolizei, wo er allerdings 1861 erneut kaltgestellt und auf seine Schriftstellerei verwiesen wurde.

In dieser Situation setzte ihn Bismarck als diskreten Beschaffer von Informationen ein, als privaten Spitzel also. Für Stieber kam mit Kriegsbeginn 1866 die Chance, zum Schutz von König und Ministern in das Große Hauptquartier beordert zu werden. Doch der Titel eines «Feldpolizeidirektors», den er sich zulegte, war ebenso anmaßend wie die den Journalisten zugeflüsterte Leitung des «Zentral-Nachrichten-Büros». Dieses war nämlich dem Generalstabschef Helmuth von Moltke unterstellt und wurde selbstverständlich von einem hohen Offizier (Oberst Wilhelm von Doering) geleitet. Später überführte es Bismarck ins Gebäude des Auswärtigen Amtes, ohne Stieber zu berücksichtigen, der nun als Privatmann für ihn ein Agentennetz in den von Preußen annektierten Ländern Sachsen und Hannover betrieb. Ebenso beobachtete er das Treiben einer nach Frankreich geflüchteten «Welfenlegion», die angeblich 700 bis 800 Mann zählte. Bei allem stützte sich Stieber auf seine alten Journalistenkontakte in Dresden, Hannover, Wien und Paris, um die dortige Presse im Sinne Bismarcks zu manipulieren. Das Geld dafür erhielt er aus dem «Welfenfonds», der aus dem Vermögen des vertriebenen Königs von Hannover stammte und für allerlei Bestechungsaktionen verwendet wurde. Diese Tätigkeit setzte Stieber im Deutsch-Französischen Krieg von 1870/71 fort, doch danach ließ Bismarck den Kontakt zu ihm einschlafen. Stieber, der gesundheitlich angeschlagen war, löste 1874 seinen lange währenden Vertrag mit Russland auf, das er jahrzehntelang eifrig mit Nachrichten versorgt hatte.

Wie man sieht, war Stieber nur gelegentlich nützlich, aber nie besonders wichtig gewesen für den preußischen Staatsapparat. Berühmt wurde er eigentlich nur, weil nach seinem Tod aus dem umfangreichen Nachlass ein Memoirenwerk gezimmert wurde, das seine oft schwindelhaften Texte durch allerlei erfundene Ergänzungen zu einem Buch der *Denkwürdigkeiten* stilisierte. Damit wurde er zum Gründervater der deutschen Geheimdienste hochgejubelt, zum Tausendsassa mit allerlei – von ihm selbst erfundenen – hohen Ämtern, die bis zum heutigen Tag für Tatsachen gehalten werden und durch die überwiegend publizistische Geheimdienstliteratur geistern.

Militärische «Nachrichtendienste»: von Brandt zu Nicolai. Eine solidere Ahnenreihe der deutschen Geheimdienstgeschichte findet man im preußischen Militär, nämlich im «Nachrichten-Bureau» des Generalstabs, welches der ältere Moltke 1867 eingerichtet hatte. Dessen Leiter Major Heinrich von Brandt (1823–1882) kann somit als erster Chef eines preußischen militärischen Nachrichtendienstes in Friedenszeiten bezeichnet werden. Sein erfolgreichster Agent war der ehemalige österreichische Offizier August Freiherr Schluga von Rastenfeld, der bis Ende 1870 insgesamt 23 Berichte aus Paris lieferte und im September 1870 mutmaßlich zur Kapitulation der französischen Armee bei Sedan beitrug.

Der Ausbau einer fest im Generalstab verankerten Dienststelle, Ende der 1880er Jahre, hing mit der Annäherung zwischen Frankreich und Russland zusammen, die schließlich im Januar 1894 im Französisch-Russischen Defensivvertrag festgezurrt wurde. Daraufhin begann man in Berlin mit der Ausarbeitung eines Operationsplanes für einen Zweifrontenkrieg, den man später als «Schlieffen-Plan» kennt und für den vielerlei nachrichtendienstliche Grundlagen benötigt wurden. Mit zusätzlichen Finanzmitteln und Mitarbeitern entstand die «Sektion IIIB des Großen Generalstabs». Es war ein gleitender Übergang, weshalb sich kein genauer Zeitpunkt für die vermutlich im Jahr 1889 erfolgte Gründung benennen lässt. Zunächst bestand diese Sektion nur aus drei Personen. Sie hatte im Jahr 1913 zehn Stellen und wuchs erst während des Ersten Weltkrieges auf etwa 90 Offiziere und zivile Beamte an. Allerdings führte der jüngere (Helmuth) von Moltke 1906 eine wichtige Neuerung ein, indem er an der Reichsgrenze junge, für den Generalstab geeignete Offiziere mit den passenden Fremdsprachenkenntnissen postierte. Das galt nicht nur für die Ostgrenze, sondern auch für die Grenze zu Frankreich, wo diese Außenposten den Generalkommandos der jeweiligen Armeekorps zugewiesen wurden. Zu ihnen gehörte der junge Oberleutnant Walter Nicolai, der 1913 an die Spitze von IIIB treten sollte.

Über den Umgang mit dem militärischen Nachrichtendienst herrschte noch viel Unsicherheit. Zum einen hatte der Kriegsminister Bedenken, Offiziere im Agentendienst einzusetzen, aus «Rücksicht über die besonderen Standesverhältnisse» und wegen des «dauernden Verkehr[s] mit Persönlichkeiten zweifelhaften Rufes». In vielen Fällen konnten deshalb die Nachrichtenoffiziere in den Grenzgebieten nicht direkt mit ihren Quellen verkehren, sondern mussten dafür Mittelsmänner anwerben. Zum anderen blieb bis 1908 weitgehend unklar, wie dieser Nachrichtendienst im Kriegsfall einzusetzen sei. Schließlich bedurfte es bei IIIB einer Umstellung auf die Verfahrensregeln des übrigen Generalstabes, die sich über mehrere Jahre hinzog. Hierfür legte der im Herbst 1908 zur Leitung berufene Major Wilhelm Heye ein Muster der eingehenden Dokumentation von Quellen, Meldungen und Berichten fest, um bei einer zwei- bis dreijährigen Rotation der Mitarbeiter die Kontinuität zu wahren. Das galt auch für den Schriftverkehr mit anderen Dienststellen. Man kann somit von einer Schwelle zur Bürokratisierung bei IIIB sprechen.

Die Aufgabe von IIIB war zugleich die militärische Beschaffung und die Spionageabwehr, Letzteres deshalb, weil erst 1907 die föderalen «Central-Polizeistellen» speziell dafür eingerichtet wurden. Im Jahr 1900 kam die «Nachrichtenabteilung» im Admiralstab der Marine hinzu, die sich vornehmlich mit Großbritannien befasste. Die französische Flotte und deren Mittelmeerhäfen wurden bereits vom Bündnispartner Italien beobachtet; Russlands Flotte galt damals noch nicht als ernst zu nehmender Gegner.

Um das Aufkommen an Berichten zu erhöhen, schlug der preußische Kriegsminister im Mai 1891 eine Zusammenarbeit der zivilen Polizeibehörden mit dem militärischen Nachrichtendienst vor. Der Anlass waren Engpässe bei der Beschaffung, weil der Monarch, um internationale Spannungen zu vermeiden, in den Jahren 1886 und 1887 verboten hatte, Offiziere mit «Rekognoszierungsaufträgen» nach Frankreich oder Russland zu entsenden. Dadurch blieb man auf die Berichte der Militärattachés sowie «der sich zu diesem Zweck gewerbsmäßig anbietenden Persönlichkeiten angewiesen», wie der Minister schrieb. Man brauchte somit allerlei Zuarbeit, wobei der Chef des Generalstabes der Armee bereit war, Mittel von jährlich 500000 Mark für eine Unterstützung durch zivile Behörden einzusetzen.

Reichskanzler Leo von Caprivi war von dieser Idee wenig begeistert, stimmte jedoch letztlich zu. Es entstanden sieben «Nachrichtenstationen» an der Ostgrenze, in denen jeweils ein militärischer Leiter im Rang eines Hauptmanns oder Majors sowie ein ziviler Grenzkommissar einen festgelegten Grenzabschnitt bearbeiteten. Per Rundschreiben an die Oberpräsidenten wurde festgelegt, dass wichtige Nachrichten über russische Truppenbewegungen und Spione sowie militärisch nutzbare Anlagen im Grenzgebiet «in eiligen Fällen unmittelbar an den Chef des militärischen Nachrichtenwesens» gemeldet werden durften, also unter Umgehung des zivilen Dienstweges. Eine ähnliche Genehmigung erhielten die Landräte der an Russland grenzenden Kreise. Schließlich wurde auch die Landgendarmerie mit der Beschaffung militärischer Nachrichten befasst.

Das Auswärtige Amt als geheimer Nachrichtendienst? Interessanterweise verweigerte sich das Auswärtige Amt dem Ersuchen von Major Nicolai, seine Berufskonsuln für die Beschaffung von Meldungen einzuspannen. Dabei lässt sich durchaus nachweisen, dass die Konsulate für Spionagezwecke genutzt wurden. Beispielsweise gab es in China ein Netzwerk von Spionen, das selbst in der internen Korrespondenz der Konsulate sowie der deutschen Botschaft als «Nachrichtendienst» bezeichnet wurde. Im Übrigen gab es dort «Dispositionsfonds», über die sich Reichsmittel ohne Belege für die Entlohnung von Quellen verausgaben ließen. Die Rekrutierung richtete sich gezielt auf chinesische Beamte, die bei der Auswahl für den Höheren Dienst gescheitert waren und ihr Dasein in minderbezahlten Posten als Bürokräfte («Lettré») fristeten. Sie brauchten das zusätzliche monatliche Einkommen aus Spionagediensten, und sie hatten Zugang zu Geheimakten sowie zum Telegrammverkehr der hohen Provinzverwaltung.

Im Unterschied zu den deutschen Gesandten verweilten die Berufskonsuln im Durchschnitt sehr viel länger auf ihren Auslandsposten, waren oft der Landessprache mächtig und hatten

Netzwerke von Verbindungen in die chinesische Bürokratie und Wirtschaft. Sie waren deshalb bestens geeignet, die angeworbenen «Lettrés» über lange Jahre hinweg zu führen. Einige von ihnen wurden sogar in deutsche Dienste übernommen, als Ortspersonal der deutschen Vertretungen, und pflegten von dort ihre Kontakte zum Beamtentum der chinesischen Staatsverwaltung.

Die Ergebnisse waren beachtlich. Im Jahr 1904 wusste der deutsche Gesandte Alfons Mumm von Schwarzenstein an Reichskanzler von Bülow zu berichten, dass täglich sechs bis acht Telegramme zwischen den höchsten Provinzbehörden und der Zentrale in Peking anfielen. Da war es nicht schwer, den Reichskanzler, der selbst ein erfahrener Diplomat war, für eine Aufbesserung der geheimen Gelder zu gewinnen. Doch am Jahresende gab es schlechte Nachrichten, als der Russischdolmetscher des Gouverneurs von Tientsin verhaftet wurde. Gewiss lag es nahe, bei ihm eine nachrichtendienstliche Verbindung zu Russland zu vermuten, doch das plötzliche Ausbleiben von Meldungen aus Tientsin lässt darauf schließen, dass der Verhaftete auch die Deutschen beliefert hatte.

Zu einer Zeit also, in der man im militärischen Nachrichtendienst mit wenigen Hauptamtlichen auskommen musste, gab es in den Dienststellen des Auswärtigen Amtes eine ergiebige Spionagetätigkeit, die in das Innerste der chinesischen Verwaltung vordrang. Hier von einem Auslandsnachrichtendienst zu sprechen, ist verfrüht, weil noch zu wenig dazu geforscht wurde. Doch der Kontrast zum preußischen Heer ist hinsichtlich der Qualität allzu offensichtlich. Die Diplomatie war global orientiert, während das Offizierskorps, mit wenigen Ausnahmen, nur an die «Feinde» in der näheren europäischen Umgebung dachte. Nicht zuletzt weist die alte historische Verknüpfung von Spionage und Diplomatie in diese Richtung. Zwar haben sich in den meisten modernen Staaten die Auslandsgeheimdienste von den Außenministerien abgelöst, doch in Großbritannien unterstehen bis zum heutigen Tag der Auslandsdienst MI6 sowie der technische Beschaffungsdienst GCHQ dem britischen Außenminister.

Hier zeigt sich im Übrigen, wie wichtig es ist, zwischen einer geheimdienstlichen Tätigkeit und ihrer Institutionalisierung unter eigenem Namen zu unterscheiden. Es kommt nicht auf das Türschild oder den Namen einer Bürokratie an, sondern auf die Methode der Informationsbeschaffung.

Eine magere Bilanz. Die Leistungen der Kombination aus militärischen und polizeilichen Elementen von nachrichtendienstlicher Tätigkeit waren im deutschen Kaiserreich bescheiden. Offensichtlich wurde das Hauptziel nicht erreicht, nämlich die russischen und französischen Kriegs- und Aufmarschpläne zu beschaffen, während übrigens Frankreich den «Schlieffen-Plan» kannte und Russland über den österreichischen Generalstabsoffizier Oberst Alfred Redl die österreichischen Pläne beschaffen konnte. Dass der Verräter Redl durch die Wachsamkeit von IIIB überführt wurde, war immerhin ein Erfolg der preußischen Spionageabwehr.

Im Wesentlichen gab es zwei Kategorien von Quellen des preußischen militärischen Nachrichtendienstes, die allerdings gegenüber Russland erhebliche Defizite aufwiesen. Die erste Kategorie bestand aus ortsfesten Quellen, die jedoch keine Russen waren und fernab der Machtzentren wohnten. Sie hatten also keinen direkten Zugang zu den russischen Militärbehörden. Die zweite Kategorie bestand aus Reisequellen, die zwar nützliche Informationen über den für jede Mobilisierung wichtigen Eisenbahnbetrieb sowie über Festungen und Garnisonen beibrachten, aber kein Ersatz für gut platzierte Innenquellen waren. Ein weiterer Grund für die bescheidenen Leistungen dürfte die russische Spionageabwehr gewesen sein, der um die Jahrhundertwende eine erhebliche Zahl von Festnahmen gelang.

Auch an der Westgrenze fehlte es an hochrangigen Quellen. «Nicht ein Mensch hat sich in der ganzen Zeit angeboten (...)», schrieb ein Nachrichtenoffizier im Jahr 1910. Als Grund vermutete er die Präsenz französischer Quellen in den deutschen Garnisonen und Kommandostellen, die das Geschäft einer französischen Innenquelle äußerst riskant gemacht hätte. Doch seinem Nachfolger scheint es gelungen zu sein, in den ostfranzösischen Festungen und Garnisonen eine Anzahl von Quellen zu rekrutieren. Allerdings lässt die spärliche Überlieferung keine breitere Einschätzung ihres Wertes zu.

Große Defizite gab es schließlich beim Umgang mit menschlichen Quellen. Die häufige Rotation bei den Nachrichtenoffizieren bedeutete oft den Verlust von Quellen und Quellenführern, weil persönliche Bindungen verlorengingen. Zudem herrschte die Überzeugung vor, dass die Quellen in erster Linie aus pekuniären Gründen zur Spionage bereit waren. Mit dieser psychologisch wenig einfühlsamen Einstellung, die den Stolz potentieller Zuträger missachtete, ließen sich keine hochwertigen Quellen gewinnen. Die Kunst der Verführung wurde offensichtlich kaum gepflegt. «[D]er Russe geht in keine Falle, sie mag noch so verlockend sein!», wie es im Vierteljahresbericht eines Nachrichtenoffiziers heißt.

Während der Julikrise 1914 verhielt sich die Sektion IIIB auffallend ruhig. Zwar hatte man seit den Balkankrisen immer wieder eine hohe Kriegsbereitschaft Russlands gemeldet, doch konkrete Erkenntnisse dazu gab es in der ersten Jahreshälfte 1914 nicht, obgleich Kundschafter weit jenseits der Grenzregionen tätig waren. Selbst nach dem Attentat auf den österreichischen Thronfolger in Sarajewo sprach man im Großen Generalstab nur von einer «erhöhten Kriegsgefahr», um sich sodann in die Sommerferien zu verabschieden oder dort zu verbleiben. Das galt auch für Oberst Nicolai, seit 1913 an der Spitze von IIIB, für den obersten Soldaten, General Helmuth von Moltke (d. J.), sowie für seinen Generalquartiermeister General Georg von Waldersee. Erst nach dem österreichischen Ultimatum an Serbien, also in der letzten Juliwoche, kehrte die militärische Spitze samt Kaiser Wilhelm nach Berlin zurück. Die Verkündigung der «drohenden Kriegsgefahr» und schließlich die Kriegserklärungen an Russland und Frankreich erfolgten dann ohne wesentliches Zutun des militärischen Nachrichtendienstes.

Auch im Ersten Weltkrieg war sein Gewicht vergleichsweise bescheiden, wenn man es am gigantischen Aufwand bei Militär und Wirtschaft misst. Es wurden allerdings Fundamente gelegt, deren Bedeutung sich erst rückblickend erkennen lässt. Viele Entwicklungen, die man eilfertig dem Zweiten Weltkrieg zuordnet, entpuppen sich bei genauerem Hinsehen als frühere Innovationen. Das gilt für die Luftaufklärung ebenso wie für die Verschlüsselung und Entschlüsselung des Funkverkehrs oder die Verquickung von nachrichtendienstlicher Beschaffung und Propaganda.

Viel Geld für Lenin und der Sieg über Russland. In Russland, ebenso wie im britischen und französischen Machtbereich, versuchte man politische Kräfte zu unterstützen, die gegen die Kriegspolitik ihrer Regierung kämpften. Das geschah zumeist mit geringem Erfolg. Doch mit der Verstrickung der deutschen Militärbehörden und Diplomatie in die bolschewistische Revolution ist die hinsichtlich ihrer weltgeschichtlichen Wirkung größte Geheimdienstoperation aller Zeiten zu verzeichnen.

Die aus der Spaltung der Russischen Sozialdemokratischen Arbeiterpartei im Jahr 1903 hervorgegangenen Bolschewiki verlangten im Ersten Weltkrieg einen sofortigen Frieden, wobei ihr eigentliches politisches Ziel der totale Umsturz war. Deshalb kam das Auswärtige Amt auf die Idee, die Propaganda der Bolschewiki zu finanzieren. Hierfür war ein gewisser Alexander Helphand (genannt «Parvus») der bedeutendste Verbindungsmann, der als Geschäftsmann und politischer Agitator unaufhörlich zwischen Russland und Deutschland hin und her reiste. Er kannte Lenin und Trotzki seit ihren Aufenthalten in München (zwischen 1900 und 1905). Im Februar 1915 legte Parvus dem Auswärtigen Amt einen detaillierten Plan vor, wie man in Russland durch die heimliche Unterstützung von Streiks, separatistischen Bewegungen und Sabotageakten tätig werden könne. Bald danach begann die Geldquelle zu sprudeln. Die von Lenin selbst genannte Zahl von 1,4 Millionen Zeitungsexemplaren pro Woche – verteilt auf 17 Tageszeitungen der Bolschewiki (im August 1917) – ist ohne finanzielle Hilfe von außen schlichtweg nicht vorstellbar. Bekanntlich wurde Lenin aus seinem Schweizer Exil, begleitet von zwei deutschen Offizieren, über das neutrale Schweden zur finnischen Grenze und damit auf den Weg nach Russland gebracht.

In einem *Vorwärts*-Artikel von 1921 rechnete der reformistische deutsche Sozialdemokrat Eduard Bernstein vor, dass die Bolschewiki aus den Kassen des Auswärtigen Amtes über 50 Millionen Goldmark erhalten hatten. Die Aktion erbrachte das gewünschte Ergebnis. Als die Bolschewiki im November 1917 durch einen Putsch an die Macht kamen, verfolgten sie das Ziel der sofortigen Kriegsbeendigung gegen alle Widerstände, auch in den eigenen Reihen. Um diese Widerstände zu überwinden, floss erneut erhebliches Geld aus deutschen Regierungskassen. Erst dadurch, so Staatssekretär (eigentlich Außenminister) Richard von Kühlmann im Dezember 1917, konnten diese ihre wichtigste Zeitung, die *Pravda*, in riesigen Auflagen drucken und damit die Anhängerschaft der Partei vergrößern. Wiederum setzte sich die Dritte Oberste Heeresleitung für diese finanziellen Maßnahmen ein. Selbst nach Abschluss des Friedensvertrages von Brest-Litowsk im März 1918 befürchtete man in Berlin noch, die Entente-Mächte könnten versuchen, Russland erneut in den Krieg zu ziehen, nicht zuletzt durch Bestechungsgelder. «Nie war das käufliche Russland käuflicher als jetzt», seufzte der deutsche Diplomat Graf Mirbach, der das Revolutionsgeschehen in der deutschen Botschaft in Russland erlebte.

Rein machtpolitisch gesehen, waren die verdeckten Operationen zugunsten der Bolschewiki ein Erfolg, weil Deutschland nun dem Russischen Reich harte Friedensbedingungen diktieren konnte – im Friedensvertrag von Brest-Litowsk vom 3. März 1918. Das kaiserliche Deutschland siegte, wo Hitlers Deutschland 27 Jahre später eine fürchterliche Niederlage erleiden sollte. Doch es war schlussendlich ein Pyrrhussieg, der sieben Jahrzehnte kommunistischer Gewaltherrschaft in Europa und die deutsche Teilung hervorbrachte.

Anschläge in Amerika. Eine weniger spektakuläre, aber gleichwohl schädliche Rolle spielten die deutschen Geheimoperationen in Nordamerika. Dabei ging es um Sprengstoffanschläge auf amerikanische Rüstungsfabriken sowie um Propagandafeldzüge, mit denen die USA von einem Kriegseintritt abgehalten werden sollten. Das heißt, es sollte Unruhe in der Bevölkerung erzeugt werden, um die öffentliche Meinung zu manipulieren.

Drahtzieher dieser Operationen waren die beiden Militärattachés, Franz von Papen (1879–1969; 1932–1934 zuerst Reichskanzler, dann Vizekanzler) für das Heer und Karl Boy-Ed (1872–1930) für die Marine, ehemals Leiter des Marinenachrichtendienstes und enger Vertrauter von Admiral Alfred von Tirpitz. Hinzu kam Heinrich Albert (1874–1960), ein späterer Reichsminister (1922–1923) und Chef der Ford Motor Company in Deutschland (von 1937 bis 1945). Ihre Helfer rekrutierten sie unter den Deutschamerikanern sowie unter den militant anti-britischen Einwanderern aus Irland. Zunächst versuchte man, diese beiden Gruppen durch verdeckte Propaganda-Aktionen zu radikalisieren und für den Fall eines Kriegseintrittes das Gespenst revolutionärer Aufstände in den USA heraufzubeschwören. Doch die US-Behörden, unterstützt vom britischen Geheimdienst, konnten rasch einige der Anstifter fassen und mit großem Presseecho vor Gericht bringen.

Zusätzlich wurden führende Deutsche, einschließlich der Botschaftsangehörigen, abgehört, wobei telegraphische Anweisungen aus dem Auswärtigen Amt aufgedeckt wurden, in denen die Blockade von Eisenbahnlinien und notfalls deren Sprengung erwähnt wurde – zunächst nicht auf US-Territorium, sondern in Kanada, das mit Großbritannien gleichsam «automatisch» in den Krieg eingetreten war. Fabriken für Munition und Kriegsgerät sollten jedoch auch in den USA angegriffen werden. Der Untergang des Passagierschiffes *Lusitania* im Mai 1915, nach einem deutschen Torpedoangriff, wurde zur großen Propagandaniederlage für Berlin, obgleich die gewaltigen Explosionen an Bord den Verdacht eines völkerrechtswidrigen Munitionstransportes aufkommen ließen. Diesen Sachverhalt räumte man in London erst 1972 ein.

Ende 1915 entzog man den beiden Militärattachés das Agrément. Doch im Juli 1916 kam es zu einem Anschlag auf das Munitionsdepot «Black Tom» in New Jersey, in Sichtweite von Manhattan. Dahinter standen die aus Mexiko operierenden deutschen Agenten Kurt Jahnke (1882–1945) und Lothar Witzke (1895–1962), die ihre Befehle direkt aus Berlin erhielten, vorbei am deutschen Botschafter von Bernstein. Die Erschütterungen dieser Explosion von 5,5 auf der Richter-Skala verursachten sieben Todesfälle und über hundert Verletzte. Erst nach Kriegsende gelang es den US-Behörden, den Hergang aufzudecken und Deutschland 1939 zu Reparationen zu verpflichten, die allerdings erst zwischen 1953 und 1979 in Höhe von 50 Millionen Dollar gezahlt wurden. Im März 1917 veranlassten Jahnke und Witzke auch die Explosion einer Werft der US-Marine, nahe San Francisco, mit sechs Toten und über 30 Verletzten. Doch mit der größten durch menschliche Technik verursachten Explosion (vor dem Zeitalter der Atomwaffen), am 6. Dezember 1917 im kanadischen Hafen Halifax, mit 2000 Toten, hatte Deutschland nichts zu tun. Allerdings gab es in Nordamerika deutsche Biowaffeneinsätze von Anthrax gegen Pferde, die für den Kriegseinsatz in Frankreich bestimmt waren.

Als schließlich die Enthüllung der deutschen Mexikostrategie im Zimmermann-Telegramm und die Wiederaufnahme des unbeschränkten U-Boot-Krieges im April 1917 zum Kriegseintritt der USA führten, hatten die geheimen deutschen Sabotageakte und Operationen einen wesentlichen Anteil gehabt an jenem Stimmungswandel in der US-Bevölkerung, der diesen Schritt überhaupt erst möglich machte.

Leistungen und Defizite der deutschen Militäraufklärung im Krieg. Die klassische nachrichtendienstliche Beschaffung und Auswertung litt unter einer großen organisatorischen Unsicherheit. Wie sollten die taktischen Bedürfnisse mit den Anforderungen eines zentralen Lagebildes vereinbart werden, und wer sollte dafür zuständig sein? Welche Erwartungen hatte die operative Planung an die Militäraufklärung?

Aus Sicht der Abteilung IIIB war vor allem das Unterstellungsverhältnis der Nachrichtenoffiziere (N. O.) unbefriedigend, die irgendwo zwischen den obersten Kommandobehörden und der Sektion IIIB standen. Bereits zu Kriegsbeginn wurden die meisten von ihnen zu den Armee-Oberkommandos der Westfront und der Ostfront versetzt, wodurch die Zusammenarbeit mit den Quellen entweder unterbrochen wurde oder gänzlich verlorenging. Hinzu kam die Versetzung von vier der elf N. O. zur

Truppe, für die allerdings vier ehemalige N. O. als Ersatz zugeteilt wurden. Somit blieb immerhin eine gewisse Expertise erhalten, die sich beim Aufbau neuer Quellenverbindungen nutzen ließ.

An der Westfront wurden bei Kriegsbeginn zwei «Meldesammelstellen» in Lörrach und Wesel eingerichtet, um den Fluss von Agentenmeldungen aus den neutral gebliebenen Staaten, vor allem der Schweiz und den Niederlanden, zu steuern. Etwas später traten die «Kriegsnachrichtenstellen» in Antwerpen, Brüssel und Lindau hinzu, die für Frankreich, die Niederlande und Italien zuständig waren. In Frankreich kam es dabei zu einer hohen Zahl von Verhaftungen und Todesurteilen – bis September 1915 waren es bereits elf, von denen fünf rasch vollstreckt wurden.

In Antwerpen wirkte das legendäre «Fräulein» Dr. Elisabeth Schragmüller (1887–1940), die einen Agentenring für die Beobachtung des Eisenbahnnetzes leitete. Diese Kriegsnachrichtenstellen führten bei Jahresende 1915 angeblich 135 Quellen, während es bei den N. O. nur 56 waren. Zur gleichen Zeit nahm das Aufkommen an Nachrichten durch den Einsatz der sogenannten «Arendt-Stationen» zur Überwachung des gegnerischen Telefonverkehrs zu – benannt nach dem Post-Oberinspektor Otto Arendt, der sie entwickelt hatte. Im ersten Halbjahr 1917 waren es bereits 32 000 solcher Meldungen. Die Auflösung der zumeist einfachen Verschlüsselung sowie die Auswertung erfolgte durch N. O. vor Ort, wobei erbeutete Unterlagen der gegnerischen Fernsprechtruppen zum Einsatz kamen. Die N. O. erhielten auch die Zuständigkeit für die Abwehr von Propaganda und für die eigene Informationspolitik, samt Presse und Informationspolitik gegenüber der eigenen Truppe. Nur die Bekämpfung gegnerischer Spionage blieb in der Zuständigkeit der Zentralpolizeistellen sowie der Geheimen Feldpolizei.

An der Ostfront kam es bekanntlich zu einem großen Erfolg des deutschen Funkabhördienstes, der für den Ausgang der Schlacht von Tannenberg im August 1914 wichtig war. Zu den Spezialisten im Chiffrierdienst gehörte der prominente Slawist Ludwig Deubner, der bald darauf die Funkaufklärung an der

Ostfront leitete. Er entwickelte zu diesem Zweck allerlei Hilfsmittel, darunter ein nach den Wortendungen sortiertes «rückläufiges russisches Lexikon», um Funksprüche zu knacken, deren Anfangsbuchstaben fehlten.

Es war General Erich Ludendorff, Hindenburgs Generalquartiermeister, der sich besonders offen für Neuerungen der militärischen Aufklärung zeigte und damit fortfuhr, als er im August 1916 unter Hindenburgs Führung die Dritte Oberste Heeresleitung organisierte. Allerdings bestand er, ebenso wie die Armeekommandeure, an der Front darauf, dem militärischen Nachrichtendienst keine von den Befehlshabern unabhängigen Berichtswege zu erlauben. Zumeist unterstanden die N. O. den Operationsabteilungen und konnten allenfalls «unter der Hand» einige Meldungen direkt an IIIB liefern. Sofern es den N. O. gelang, vor Ort das Vertrauen der Kommandobehörden zu erwerben, konnten sie ihr Tätigkeitsfeld ausweiten, beispielsweise auf die Befragung von Kriegsgefangenen und die Verbindung zu den Verbündeten. Insgesamt kann angesichts der schwachen Zentrale, jedenfalls im Bereich der Nachrichtenbeschaffung und -auswertung, schwerlich von einem institutionell geschlossenen militärischen Nachrichtendienst gesprochen werden. Anfang 1917 wurde Oberst Nicolai durch Ludendorff weitgehend entmachtet. Er war damit «nur noch dem Namen nach der Chef von IIIB».

Nun kamen andere Aufgaben auf Nicolai und seine Zentrale zu. Es entstand ein militärischer Inlandsnachrichtendienst mit «Inlands-Nachrichten-Offizieren» (I. O.), beginnend im Februar 1916 mit einem Büro in Düsseldorf, das Persönlichkeiten aus rheinisch-westfälischen Wirtschaftskreisen abschöpfte. Weitere I. O. operierten in anderen Teilen des Reiches. Man suchte Vertrauensleute zu gewinnen, die auf ehrenamtlicher Basis Verbindungen zu diesen Wirtschaftskreisen herstellten. In der späteren Terminologie des BND wären sie als «Sonderverbindungen» (SV) zu bezeichnen. Von «Inlandsspionage» wollte man hier nicht sprechen, doch die Berichte gingen an IIIB. Nicolai selbst verlegte seinen Arbeitsschwerpunkt zunehmend auf das Inland, samt Pressezensur und -überwachung. Er sollte zuallererst die

Stimmung im Heer und in der deutschen Bevölkerung überwachen, wo allerdings die stellvertretenden Generalkommandos im Inland sowie das Kriegspresseamt auf Teilgebieten ebenfalls tätig waren.

Im März 1917 war bereits die Mehrheit der bei IIIB tätigen 122 Offiziere nicht mehr im ursprünglichen Aufgabengebiet dieser Abteilung aktiv. Das zeigt einmal mehr das geringe Ansehen der Militäraufklärung im damaligen Militär. Wie Hilmar-Detlef Brückner zu Recht anmerkt, fehlte es den bei IIIB tätigen Berufsoffizieren an den im Adel sowie in deutschen Wirtschaftskreisen vorhandenen Auslandsverbindungen und an den entsprechenden gesellschaftlichen Kontakten im Inland. «Für die durchweg aus vergleichsweise bescheidenen Verhältnissen stammenden Offiziere von IIIB waren (...) [diese Kreise] unerreichbar.»

Ebenfalls im März 1917 unterschrieb Ludendorff einen Erlass, mit dem die Nachrichtenoffiziere der Obersten Heeresleitung unterstellt wurden. Dabei sollten sie die Meldungen der Kommandobehörden auswerten. Der Abhördienst der Arendt-Abteilungen lieferte seine Meldungen nicht mehr an die Nachrichtenoffiziere, sondern an Truppen-Meldezentralen, die sie auswerteten. Man kann darin eine Stärkung des militärischen Nachrichtenwesens insgesamt erblicken, doch bestätigte sich, was bereits im Jahr 1915 seinen Anfang nahm, dass nämlich die Abteilung IIIB nicht in der Lage war, die verschiedenen Bereiche der Militäraufklärung im Verlauf des Krieges unter ihrer Regie zusammenzuführen.

Exkurs: *Die Weltkriegsspionage* und die Erinnerungen von Maximilian Ronge. Im Jahr 1931 erschien ein 688 Seiten starkes Buch mit dem Titel *Die Weltkriegsspionage*, auf Glanzpapier und üppig illustriert. Es sollte im Rahmen der offiziellen deutschen Kriegsgeschichte darstellen, was der Untertitel folgendermaßen ankündigte: «Authentische Enthüllungen über Entstehung, Art, Arbeit, Technik, Schliche, Wandlungen, Wirkungen und Geheimnisse der Spionage vor, während und nach dem Kriege auf Grund amtlichen Materials aus Kriegs-, Militär-, Gerichts- und

Reichs-Archiven.» Der Leser muss erst einmal tief Luft holen, ehe er den Unter-Untertitel findet: «Vom Leben und Sterben, von den Taten und Abenteuern der bedeutendsten Agenten bei Freund und Feind.» Wenn man die schwülstigen Vokabeln hinter sich lässt, sind allerlei Entdeckungen zu machen. Zwar steht die durch tüchtige eigene Abwehrkräfte aufgedeckte, moralisch verwerfliche Spionage der Gegner im Vordergrund der Berichterstattung, samt gruseligen Details der Kriegsgerichtsprozesse und Erschießungen. Aber man findet auch einige autobiographische Beiträge des Führungspersonals der damaligen Geheimdienste, beispielsweise von August Urbanski von Ostrymiecz, dem Chef des österreichischen Evidenzbureaus von 1909 bis 1914, der seine Rolle in der Redl-Affäre beschreibt. Weitere Themen sind die Psychologie des Spions, die Spionageschulen, die Anfänge der «Luftspionage» (aus Ballons und mit Flugzeugen), «Frauen und Krankheiten als Kampfmittel» (einschließlich eines Beitrags zu Mata Hari) sowie Berichte zu allerlei Operationen im «Feindgebiet». Wie nicht anders zu erwarten, standen die bösen Spione allesamt auf der Seite des Feindes, während die eigenen Leute nur tapfer das Vaterland verteidigten.

Gleichwohl lassen sich den zahlreichen Beiträgen allerlei nützliche Informationen entnehmen, zumal die meisten einschlägigen Akten bei Kriegsende vernichtet wurden und lediglich eine Sammlung von Unterlagen überlebte, die Walter Nicolais Stellvertreter Friedrich Gempp nach Kriegsende zusammenstellte und die wenig benutzt im Freiburger Militärarchiv dahinschlummert. Zusammen mit zahlreichen Publikationen der Zwischenkriegszeit, zumeist autobiographischen Charakters wie etwa die Bücher von Walter Nicolai, vermag also *Die Weltkriegsspionage* durchaus nützlich zu sein, vorausgesetzt man beachtet den weitgehend propagandistischen Zweck des Buches.

Ein Jahr zuvor erschienen die Erinnerungen von Maximilian Ronge, dem letzten Chef des österreichisch-ungarischen Evidenzbureaus, die ein viel höheres intellektuelles Niveau aufweisen. Mag die Forschung zu den habsburgischen Geheimdiensten heute viel weiter fortgeschritten sein als jene zum deutschen Kaiserreich, so bleibt Ronges Buch noch immer lesenswert, weil es einen systematisierenden Zugriff auf die Entwicklungen mit persönlicher Anschauung mischt, sich jedoch offensichtlich auf intensive Forschungsarbeiten stützt. Kriegspropaganda, Beobachtung der Stimmungslage an der Heimatfront, die Unruhen bei den diversen Volksgruppen des Vielvölkerstaates, Polizei, Justiz, Kultur – zu allen Bereichen der geheimdienstlichen Tätigkeit findet man wertvolle Informationen und nicht selten kluge, nüchterne Einschätzungen und Lagebeurteilungen.

Kein deutscher Geheimdienstchef hat ein ähnliches intellektuell anspruchsvolles Buch hinterlassen – bis heute nicht, während übrigens in Frankreich (seit dem 19. Jahrhundert) und in Amerika (nach 1945) die meisten von ihnen ausführliche Memoiren verfasst haben, viele davon überaus lesenswert. Damit soll eine Besonderheit des deutschen Geheimdienstes aufgezeigt werden: eine Abwesenheit von Intellektualität. Das heißt gewiss nicht, es habe keine hellen Köpfe gegeben, aber davon hat sich nichts oder sehr wenig in Publikationen niedergeschlagen – von wenigen Ausnahmen abgesehen. Auch die deutschen Militärschriftsteller und Strategen – Carl von Clausewitz an ihrer Spitze – haben sich nicht eingehend mit dem Metier der Geheimdienste befasst. Allerdings muss man fairerweise hinzufügen, dass erst die modernen technischen Kommunikationswege (Telegraphie, Telefon, Funkverkehr und nachfolgende) sowohl die Militärstrategie als auch die geheimdienstliche Beschaffung revolutionierten.

3. Die «Abwehr» der Weimarer Republik

Nach der Niederlage im November 1918 konnte der militärische Nachrichtendienst nicht im Rahmen des Generalstabes fortexistieren, weil dieser durch Artikel 160 des Versailler Vertrages verboten wurde. Gleichwohl gab es unmittelbare Nachfolgeorganisationen, die man zumeist unter der Bezeichnung «Abwehr» kennt. Das ist jedoch nur teilweise korrekt, da es in der Weimarer Republik mehrere Dienststellen gab, die nachrichtendienstlich tätig waren. Neben der «Nachrichtengruppe» oder «Abwehrgruppe» (ab 1919) der Reichswehr gab es mehrere nachrichtendienstliche Büros in der Reichsmarine, die 1928 zur «Abwehrabteilung» vereinigt und direkt dem Reichswehrminister (ab 1929 als Teil des Ministeramtes) unterstellt wurden.

Für geheime Propagandazwecke reaktivierte man den 1914 eingerichteten «Deutschen Übersee-Dienst», der nach 1919 vom Auswärtigen Amt und vom Reichswehrministerium finanziell unterstützt wurde. Hier gab es unter anderem eine nachrichtendienstliche Zusammenarbeit mit Exilrussen, die eine Wiederherstellung der Zarenherrschaft betrieben. Personell bestand eine Verflechtung mit der Abwehr, ehe die Organisation im Propaganda-Imperium von Joseph Goebbels aufging.

Als Reaktion auf den Ruhrkampf entstand 1923 der «Feldjägerdienst», den man später als «stay-behind» oder Kommando-Einheit bezeichnet hätte, weil er auf Reichsgebiet sowie im gegnerischen Gebiet verdeckt kämpfen sollte. Die innenpolitische Berichterstattung wurde von der Abwehr an die politische Abteilung des Truppenamtes abgegeben. Zusätzlich gab es mehrere Nachrichtenstellen, die nicht zur Abwehr gehörten. Hinzu kam die «Heeresstatistische Abteilung» (T 3) im Truppenamt, die Informationen über «fremde Heere» auswertete und der Abwehr lediglich angegliedert, aber nicht unterstellt war. 1931 wurde daraus die «Abteilung Fremde Heere», auf die sich der frühe BND hinsichtlich seines Führungspersonals zurückführen lässt.

Die Gesamtstärke der Abwehr dürfte Anfang 1933 bei 150 Personen gelegen haben, ist jedoch dürftig belegt, wie Florian Altenhöner zu Recht feststellte. Klarer erkennt man die organisatorische Aufteilung (Stand 1928) in fünf Gruppen. Gruppe I bildete den «geheimen Meldedienst», also die Beschaffung. Gruppe II war für die technische Beschaffung zuständig, samt Chiffrierstelle und Code-Knacker. Gruppe III betrieb Gegenspionage und Spionageabwehr. Was sich hinter der Gruppe IV verbarg, die als «Archiv und Erfahrungssammelstelle» bezeichnet wurde, ist unklar. Gruppe V war ein Marine-Nachrichtendienst, der bei der Zusammenlegung von 1928 verstärkt wurde, jedoch ohne die Funkaufklärung (B-Dienst). Hier bildeten sich Strukturen heraus, die man im späteren BND wiederfindet. Auch dort gab es eine Abteilung I für Beschaffung. Man sprach von «IIIer-Arbeit», wenn es um die Spionageabwehr ging. Ebenso bemerkenswert ist die Bildung eines gemeinsamen militärischen Nachrichtendienstes von Heer und Marine, den Reinhard Gehlen später als Ausgangsbasis nahm für den Verbund von militärischem und zivilem Auslandsnachrichtendienst im BND.

Aus den noch unzureichend untersuchten Karriereverläufen der Abwehr-Offiziere lässt sich schließen, dass dieser Dienst offensichtlich kein Karrierehindernis war, zumal die meisten nach drei Jahren in andere Verwendungen gingen. Ein Mann wie Friedrich Gempp, der 14 Jahre im Nachrichtendienst blieb, war eine seltene Ausnahme. Nur wenige in der Abwehr der 1920er Jahre waren, wie er, bereits während der Kriegsjahre im Nachrichtendienst tätig gewesen. Von einer durchgehenden Professionalisierung kann man also noch kaum sprechen, zumal das Fach in der Generalstabsausbildung – damals als «Führergehilfenausbildung» bezeichnet – noch nicht vorkam.

Als Hauptgegner nahm die Abwehr vor 1933 den Nachbarn Polen ins Visier. Deshalb wurden, ähnlich der Vorkriegszeit, mehrere Abwehr- und Horchstellen entlang der Ostgrenze des Reiches eingerichtet. Auf beiden Seiten kam es zu einer Art von «Geheimdienstkrieg», der in manchen Aspekten an die spätere Situation zwischen den beiden deutschen Staaten beiderseits des Eisernen Vorhanges erinnert, einschließlich des Austausches von Agenten. Dank des technischen Fortschrittes spielte der Funkhorchdienst nun eine besondere Rolle. In Berlin hörte die Abwehr zudem die Botschafter und Militärattachés ab, ein Geschäft, das später das «Forschungsamt» der Luftwaffe übernehmen sollte. Mit Richtmikrophonen konnte man zusätzlich die Gespräche in Sitzungsräumen oder Hotelzimmern mithören. Eine Kuriosität war schließlich die Luftaufklärung der Abwehr über Polen und der Tschechoslowakischen Republik, da die Reichswehr selbst keine Motorflugzeuge hatte und deshalb mit Leihflugzeugen operieren musste.

Eine weitere Besonderheit war der Versuch der «Heeresstatistischen Abteilung» (T 3), in den 1920er Jahren durch Studienreisen in die USA einerseits diplomatisch zu agieren, aber andererseits auch Militärgeheimnisse auszuspähen. Mehrmonatige und sogar einjährige Kommandierungen von Offizieren zu amerikanischen Waffenschulen dienten diesem Zweck. Major Friedrich von Boetticher, der Leiter von T 3 und ein enger Vertrauter von General Wilhelm Groener, schrieb bereits in einer Denkschrift vom März 1919, Deutschland könne sich nur im Bündnis mit den USA «neue Ziele setzen», weil den USA die Zukunft gehöre. Durch seine Verbindung zum amerikanischen Militärattaché in Berlin gelang es bereits 1922, einen aktiven Reichswehroffizier für drei Monate in die USA zu entsenden. 1925 folgte eine Delegation von Luftfahrtexperten, 1927 eine weitere Delegation, die durch den zum Chef der Heeresleitung beförderten General Heye angeführt wurde – übrigens in Begleitung seines Sohnes Hellmuth, ein Marineoffizier und späterer Wehrbeauftragter (1961–1965) zur Zeit der Bundesrepublik.

Kurios mag es auch erscheinen, dass die Sowjetunion vor 1933 kein zentrales Aufklärungsziel war. Vermutlich hatte man durch die geheime militärische und rüstungstechnische Zusammenarbeit mit der UdSSR hinreichend Einblicke in die Rote Armee. Zudem beobachtete man die konspirativen Verbindungen zwischen der KPD und Moskau. Trotz der deutsch-sowjetischen Partnerschaft bildete die Abwehr mehrere Hundert ukrainische Separatisten in Sabotage und Nachrichtendienst aus, um im Gegenzug Informationen zu erhalten. Allein dadurch ist offensichtlich, dass die Abwehr der Weimarer Republik keinesfalls ein rein defensiver, Informationen sammelnder Dienst war. Doch hinsichtlich ihrer Beschaffung markierte sie durchaus einen großen Entwicklungsschritt. Denn unter militärisch relevanten Meldungen verstand man nicht mehr nur die gegnerischen Aufmarschpläne, Eisenbahnlinien, Waffensysteme, Schiffe, Häfen und Festungen, sondern auch Technik im breiteren Sinne, die in einem eigenen Referat bearbeitet wurde, und Wirtschaft, wo jedoch der Schwerpunkt auf Rüstungsindustrien und Rohstoffvorkommen lag.

Zu einem großen Schub beim Personal kam es bereits in der ersten Phase der Aufrüstung unter dem nationalsozialistischen Regime, als die Abwehr von 150 (1933) auf knapp 1000 Personen Mitte 1937 anwuchs. Dass es auf dem Höhepunkt des Personalstandes, Mitte 1944, ca. 13 000 Personen sein sollten, darf jedoch nicht als linearer Machtzuwachs interpretiert werden, denn Adolf Hitler, der seit 1940 zunehmend in die operative Kriegführung eingriff, war am militärischen Nachrichtendienst wenig interessiert – im krassen Unterschied übrigens zu seinem britischen Gegner Winston Churchill. Und das NS-Regime baute neben den traditionellen Dienststellen der in- und ausländischen nachrichtendienstlichen Tätigkeit in Polizei und Militär ein paralleles Geheimdienstimperium der SS auf, das schließlich die hergebrachten Staatsorgane absorbierte oder, im Fall der Abwehr, gänzlich vereinnahmte. Der von Ernst Fraenkel konstatierte «Doppelstaat» war hier ein Übergangszustand bis zur Übernahme der totalen Herrschaft durch die Organe der NS-Bewegung.

Der Staatsschutz als Inlandsgeheimdienst. Nach innen oblag in der Weimarer Republik die geheimdienstliche Überwachung dem Staatsschutz als Behörden der Länderpolizei. Dabei verfügte die politische Polizei in Preußen über circa 1000 Mann (Ende der 1920er Jahre). Sie sollten das «republikanische Bollwerk Preußen» gegen den linken und rechten politischen Extremismus schützen. Hervorgegangen war sie aus der Preußischen Geheimen Staatspolizei, in der ab 1890 die Abteilung V der Berliner Polizei als «Preußische geheime politische Polizei» bezeichnet wurde. Im gesamten Reich war ab 1. Dezember 1898 die «Zentralstelle für die Auswertungs- und Informationstätigkeit» für die Beobachtung «anarchistischer» Bestrebungen zuständig, worunter damals vor allem politisch motivierte Attentäter verstanden wurden.

Ende 1918 wurde die Abteilung V der Berliner Polizei zunächst aufgelöst, da die Revolutionsregierung sich weigerte, ehemals königliche Polizeibeamte in dieser Funktion zu belassen. Doch Polizeipräsident Eugen Ernst erkannte rasch die Notwendigkeit, den Kampf gegen die radikal gewordene Revolution auch mit polizeilichen Mitteln zu führen, und setzte sich für eine personelle Kontinuität ein. Dieser Ausbau erfolgte vor allem unter seinem Nachfolger, dem Sozialdemokraten Wilhelm Richter, unter Anleitung des preußischen Innenministers Carl Severing. Dieser hatte im sogenannten «Ruhrkampf» von 1920 erkennen müssen, dass die Reichswehr für den Einsatz gegen innere Aufstände von revolutionären Gruppierungen völlig ungeeignet war. Beim Einmarsch der Truppen war es zu zahlreichen Misshandlungen und Tötungsdelikten gekommen, auch zu standrechtlichen Erschießungen. Dadurch wurde in der Bevölkerung der Unmut gegen den «Weißen Terror» angeheizt. Die politische Polizei wurde unter dem Namen «Centrale Staatspolizei» (C.ST.) mit ehemals kaiserlichen Beamten wiederaufgebaut. Gleichzeitig war Severing bemüht, Beamte in Schlüsselpositionen zu bringen, die ohne Vorbehalt für die Republik eintraten, wobei er versuchte, nicht nur gemäßigte Anhänger der Sozialdemokratie zu berücksichtigen, sondern auch andere zuverlässige Demokraten. Bei der Polizei wurden insbesondere Anhänger des Kapp-Putsches von 1920 entlassen.

Zugleich musste er für seine Polizeireformen die Zustimmung der Siegermächte einholen, die über die bewaffneten Staatsorgane wachten. Beispiele waren die Leitlinien zum Aufbau einer Schutzpolizei von 150000 Mann (für das ganze Reich, davon 85000 für Preußen) und das 1920 ergangene Verbot von paramilitärischen Einheiten wie den Freikorps. Aber hierbei ließ sich nicht vermeiden, dass die höheren Dienstgrade aus den ehemaligen Armeen des Kaiserreichs rekrutiert wurden, die der neuen Politik mit Skepsis begegneten. Immerhin gelang es Severing, nach dem Mord an Außenminister Walther Rathenau (1922) die Bekämpfung der Republikgegner, die sich bislang hauptsächlich gegen die Kommunisten gerichtet hatte, auf das rechtsextreme Spektrum auszuweiten.

1925 wurde die Centrale Staatspolizei mit etwa 1000 Beamten zu einer Abteilung des Berliner Polizeipräsidiums, die man im Zuge der Polizeireform von 1928 der Verwaltungspolizei angliederte. Drei Viertel davon sollen im Außendienst tätig gewesen sein, um antidemokratische und antirepublikanische Personen und Organisationen zu überwachen. Dazu gehörte die KPD ebenso wie die NS-Bewegung mit ihren diversen Organisationen. Hierfür bediente sie sich der üblichen Methoden der Observierung und des Einsatzes von V-Leuten. Das Aufgabenprofil «Extremismusbekämpfung», wie man es später im Verfassungsschutz von Bund und Ländern nennen sollte, ist hier bereits deutlich erkennbar. Am Ende der Weimarer Republik wurde die Bekämpfung der NSDAP zu einer besonders wichtigen Aufgabe der Polizei.

4. Geheimdienste im NS-Regime

Die vorangegangene polizeiliche Verfolgung der NS-Bewegung war offensichtlich der Grund, warum die Polizeibehörden zu den ersten staatlichen Einrichtungen gehörten, welche die neuen nationalsozialistischen Machthaber 1933 unter ihre Kontrolle zu bringen suchten. Hermann Göring wurde sogleich zum Reichskommissar für das preußische Innenministerium ernannt und machte seinerseits den Leiter der politischen Polizeitruppe Rudolf Diels zum Chef der politischen Polizei. Bereits Anfang März 1933 wurden die Kompetenzbeschränkungen der Polizei aufgehoben, wodurch der willkürliche Einsatz dieser Polizeitruppe möglich wurde. Ende April, nachdem Göring Preußischer Ministerpräsident und Innenminister geworden war, wurde die Preußische Geheimpolizei aus dem Polizeiapparat ausgegliedert und das Geheime Staatspolizeiamt (Gestapa) gebildet, welches Göring direkt unterstellt war. Mit dem Gestapo-Gesetz vom November 1933 wurde die Gestapo ein völlig selbständiger Zweig der inneren Verwaltung.

Es war allerdings nicht Göring, sondern Heinrich Himmler, der aufbauend auf seinen Anfängen als Polizeipräsident in München – kurz nach Hitlers Regierungsantritt in Berlin – die Polizei zu einem durchgängigen Instrument der NS-Herrschaft machte. Er wurde im April 1934 zum Leiter des Gestapo-Amtes in Berlin ernannt und lieferte sein Meisterstück der geheimen Polizeiarbeit ab, als er im Juni 1934, mit dem sogenannten Röhm-Putsch, die Ausschaltung Ernst Röhms und seiner SA-Führung vorbereitete. Damit war Hitlers Position in der NS-Bewegung endgültig unanfechtbar geworden. Die SS, einst der SA unterstellt, wurde zur «eigenständigen Kampforganisation innerhalb der NSDAP» gemacht, Himmler zum Reichsführer SS (RFSS).

Durch Hitlers Erlass vom 17. Juni 1936 wurde das NS-Parteiamt des Reichsführers SS mit dem neu geschaffenen staatlichen Amt eines Chefs der Deutschen Polizei im Reichsministerium des Inneren personell und institutionell verbunden. Der Erlass markierte zudem das Ende der noch in Teilen bestehenden Polizeihoheit der Länder. In einem gewissen Sinn wurde die Polizei entstaatlicht und damit durch die NSDAP privatisiert, also ihrer kompletten Verfügung unterworfen. Mit dem im September 1939, erst nach Kriegsbeginn, geschaffenen Reichssicherheitshauptamt (RSHA) – eines von zwölf Hauptämtern der SS – wurde die Sicherheitspolizei (Sipo) mit dem Sicherheitsdienst (SD) der SS zusammengelegt.

Der SD war 1931 als Geheimdienst der SS geschaffen und Reinhard Heydrich unterstellt worden. Er sollte sowohl politische Gegner als auch NSDAP-Mitglieder überwachen. In Abgrenzung von der Geheimen Staatspolizei sollte der SD nach 1934 als Spionage- und Gegenspionagedienst diese bei der Verfolgung von Staatsfeinden unterstützen. Organisatorisch umfasste er 51 Haupt- und 519 Außenstellen. 1944 beschäftigte er ca. 6500 Hauptamtliche und über 30000 V-Leute. Auch hier lässt sich eine schrittweise Vereinnahmung der staatlichen Behörden durch eine Teilorganisation der NSDAP feststellen.

In einem Erlass des Reichsministeriums des Innern vom 11. November 1938 heißt es: «Der Sicherheitsdienst des RFSS hat als Nachrichtenorganisation für Partei und Staat – insbesondere zur Unterstützung der Sicherheitspolizei – wichtige Aufgaben zu erfüllen. Der SD wird damit in staatlichem Auftrage tätig.» Das war reichlich ungenau und ohne Bezug auf geltende Gesetze formuliert, da Polizei und Geheimdienste längst von derartigen Schranken befreit waren, wie Himmler bereits ein Jahr zuvor öffentlich festgestellt hatte: «Die nationalsozialistische Polizei leitet ihre Befugnisse zum Vollzug des Willens der Staatsführung und zur Sicherung des Volkes und des Staates nicht aus Einzelgesetzen, sondern aus der Wirklichkeit des nationalsozialistischen Führerstaates und aus den ihr von der Führung gestellten Aufgaben her (...).»

Ebenso bemerkenswert ist jedoch das Neben- und Gegeneinander der Geheimdienste im NS-Regime. Das entsprach einerseits dem Führungsstil Hitlers, der bürokratische und persönliche Kompetenzstreitigkeiten dazu nutzte, seine oberste Entscheidungsgewalt zu bewahren. Andererseits ist zu bedenken, dass der Sicherheitsdienst den militärischen Geheimdienst («die Abwehr») erst zu vereinnahmen vermochte, als dessen Führungsspitze unter Admiral Wilhelm Canaris durch ihre Verwicklung in den gescheiterten Putsch vom 20. Juli 1944 geschwächt worden war.

Wildwuchs der Organisation. Selbst ein Mann wie Wilhelm von Schramm, der als älterer Offizier 1940 erstmals mit dem militärischen Geheimdienst in Berührung kam, war erstaunt, wie kompliziert und undurchsichtig diese deutschen Strukturen waren und wie oft sie verändert wurden. Heer, Luftwaffe und Marine hatten ihre «Feindnachrichtendienste», in denen Informationen über die entsprechenden Waffengattungen des Feindes gesammelt wurden. Beim Heer waren sie in «Fremde Heere Ost» und «Fremde Heere West» aufgeteilt. In allen Untergliederungen gab es spezielle Offiziere und geheimdienstlich operierende Truppenteile, die im Operationsgebiet Informationen sammelten und weiterleiteten. Somit entstanden einerseits spezielle Lagebilder für einzelne Truppenteile (oder Flotteneinheiten bzw. Einheiten der Luftstreitkräfte) für den taktischen Gebrauch in den Einsatzgebieten, andererseits aber auch Daten, die sich zu einem Gesamtbild der Fähigkeiten und Operationen eines bestimmten Gegners zusammensetzen ließen – also strategisch nutzbare Informationen.

Die Aufzeichnung, Entschlüsselung und Analyse des gegnerischen Funkverkehrs erfolgte in der «Nachrichtentruppe», wobei es im Heer neben festen Empfangsanlagen auch mobile, auf Fahrzeugen montierte Anlagen gab. Bei der Marine und bei der Luftwaffe waren diese mobilen Funkanlagen auf viele Schiffe und Flugzeuge verteilt. Um den feindlichen Agenten- und Partisanenfunk zu erfassen und auszuschalten, wurde 1940 eine gesonderte Organisation gebildet. Schwer zu entziffernde Funksprüche wurden in der «Abteilung Chi» (für Chiffrierwesen) der Abwehr bearbeitet.

Außerhalb des Militärapparates bestanden größere und zahlreiche kleinere Organisationen und Dienststellen, die ganz oder in erheblichem Umfang geheimdienstlich tätig waren. Dazu gehörte das «Forschungsamt», eine Geheimbehörde zur Telefonüberwachung und Funkentschlüsselung, die 1933 gegründet und Reichsluftfahrtminister Hermann Göring unterstellt wurde. Ihr Gründer, Gottfried Schapper, hatte sich im Ersten Weltkrieg mit drahtloser Kommunikation und Entschlüsselung befasst und schlug dem ihm persönlich bekannten Göring den Aufbau eines zentralen Abhördienstes vor. Aus anfänglich 20 Leuten wurde eine Mammutorganisation von 6000 Mitarbeitern. Dabei machte man keinen Unterschied zwischen Inland und Ausland, zivil und militärisch, drahtlos und drahtgebunden (also Telefon). Abgehört wurde schlichtweg alles. Bald konnte Hitler mit aufgezeichneten Telefonaten von Regimekritikern, geschwätzigen Parteifreunden und ausländischen Diplomaten versorgt werden. Beispielsweise halfen während der Sudetenkrise die abgehörten Gespräche der tschechoslowakischen Regierungsspitze, die beteiligten Unterhändler zu brüskieren und zu überrumpeln.

Zunächst wurden in allen größeren deutschen Städten Außenstellen des Forschungsamtes eingerichtet. Später kamen die besetzten Staaten hinzu. Über ein für damalige Verhältnisse hypermodernes Kommunikationsnetz wurden die Mitschnitte und Informationen weitergeleitet, ausgewertet und den relevanten Dienststellen zugestellt. Die Reichspost, damals im Besitz des Telefonnetzes, unterstützte nach Kräften. Bis auf die höchste Kategorie der sowjetischen und britischen diplomatischen Codes gelang dem Forschungsamt die Entschlüsselung so ziemlich aller für die Kriegführung wichtigen Kommunikationsverbindungen, einschließlich der Verbindungen zwischen Teilen der sowjetischen Rüstungsindustrie und deren Zentralstelle. Parallel dazu erfolgte eine Auswertung der ausländischen Presse. Dabei stand insbesondere die Entschlüsselung der diplomatischen Korrespondenz in einem gewissen Wettbewerb zur Dechiffrierabteilung des Auswärtigen Amtes, die sich im Organigramm des Ministeriums bei der Personalabteilung versteckte (mit dem Akronym «Pers Z»). Allerdings war diese Stelle mit etwa 40 Spezialisten für die Entschlüsselung sehr viel kleiner als die entsprechende Gruppe im Forschungsamt.

Die deutschen Erfolge bei der Entschlüsselung von Funksprüchen wurden übrigens von den Kriegsgegnern sehr hoch eingeschätzt. Deshalb setzten sie unmittelbar nach der deutschen Kapitulation alles daran, mit Hilfe geheimer Kommandogruppen an das Personal, die Schlüsselmaschinen und die zugehörigen Unterlagen zu kommen, um den genauen Sachstand zu ermitteln. Briten und Amerikaner ermittelten gemeinsam, zumal sie 1942 eine Geheimdienstallianz begründet hatten, die übrigens bis heute besteht und deren Schwerpunkt nach wie vor auf dem Gebiet der Fernmeldeaufklärung liegt – man denke an die Zusammenarbeit des britischen GCHQ mit der amerikanischen NSA. Die Berichte dieser Ermittlungen wurden erst in jüngster Zeit für die Forschung zugänglich, vermutlich weil man nicht enthüllen wollte, auf welchem Stand sich die eigene britisch-amerikanische technische Aufklärung befand.

Die Rolle des Reichssicherheitshauptamtes (RSHA). Schließlich war das Reichssicherheitshauptamt partiell ein Auslandsgeheimdienst, nämlich durch sein Amt VI, geleitet von Walter Schellenberg, einem SS-Brigadeführer und Generalmajor der Polizei. Schellenberg gibt dem Historiker vielerlei Rätsel auf, weil es ihm gelang, gleichermaßen das Vertrauen Himmlers zu genießen und eine Politik zu betreiben, die vor allem in der Schlussphase des Krieges völlig quer zum Kurs der NS-Regierung lag. Als Chef der Auslandsspionage des SD («Amt VI») knüpfte er ab

1942 Kontakte zum Schweizer Militärgeheimdienst. Zunächst übergab er ohne Gegenleistung einen von der Gestapo verhafteten Agenten. Dann traf er sich heimlich mit dem Chef des Militärgeheimdienstes, Brigadegeneral Masson, und begann Friedensfühler zur Kriegsbeendigung auszustrecken. Davon war SS-Chef Himmler zumindest teilweise unterrichtet.

Warum allerdings Schellenberg in Himmler eine Lichtgestalt sah – im Unterschied zu Hitler, Ernst Kaltenbrunner und Außenminister Ribbentrop –, bleibt ein Rätsel, das in der Endphase des Krieges noch erstaunlichere Züge annahm. Denn jetzt nutzte Schellenberg seine Schweizer Kontakte sowie seine ins neutrale Schweden aufgebauten Verbindungen für eine Reihe von waghalsigen Rettungsaktionen, die Tausende von Menschen vor dem sicheren KZ-Tod bewahrten. Sein wichtigster Partner war dabei Graf Folke Bernadotte, Vizepräsident des Schwedischen Roten Kreuzes, der insgesamt dreimal mit Himmler konferierte, um KZ-Überlebende aus dem Reichsgebiet transportieren zu dürfen. Mit weißen RK-Bussen und -LKWs wurden ca. 20 000 Personen gerettet, darunter 8000 skandinavischer Herkunft, aber auch 5000 Juden und zahlreiche polnische Frauen.

Darüber darf jedoch nicht vergessen werden, dass der SD an vielen verbrecherischen Operationen beteiligt oder dabei sogar federführend war, beispielsweise beim Anschluss Österreichs im März sowie des Sudentenlandes im Oktober 1938. Zu seinen bekanntesten Aktionen gehörte der fingierte Überfall auf den Sender Gleiwitz am 31. August 1939, der als Vorwand für den deutschen Angriff auf Polen diente. Danach war er maßgeblich an der Aufstellung und Ausrüstung der SS-Einsatzgruppen beteiligt. Zunächst fünf Einsatzgruppen folgten den fünf Armeen der Wehrmacht, später wurde eine sechste für die Provinz Posen gebildet. Jede bestand aus zwei bis vier Einsatzkommandos von 120 bis 150 Mann, viele davon reguläre Polizisten. Doch die Leiter waren hauptsächlich SD-Personal. Den massenhaften Erschießungen von Polen und Juden durch die Einsatzgruppen folgte bekanntlich der millionenfache Mord in den deutschen Vernichtungslagern.

Wenn der SD zunächst ein Inlandsdienst mit begrenztem Einsatzspektrum war, so wurde er durch die deutsche Eroberungspolitik zu einem universalen Geheimdienst, denn durch die militärische Besetzung weiter Teile Europas, einschließlich der Zerschlagung von Staaten und der Annexion riesiger Gebiete, war die Unterscheidung zwischen Inland und Ausland hinfällig geworden. Wie die Wehrmacht selbst wurden auch die deutschen Geheimdienste zunehmend als Instrumente der rassischen Verfolgung benutzt. Insofern kann man selbst bei den rein militärischen Geheimdienststellen nicht von einer ausschließlich unterstützenden Funktion der operativen Kriegführung im klassischen Sinn sprechen. Geheimdienstliche Arbeit diente überall – direkt oder indirekt – der Repression, Ausbeutung, Verfolgung und Vernichtung im Rahmen der NS-Rassenpolitik.

Beteiligung am militärischen Widerstand. Es nimmt deshalb nicht wunder, dass viele Skeptiker der NS-Politik und Aktive des militärischen Widerstandes gegen das NS-Regime in den Reihen der Abwehr zu finden waren. Bereits bei Hitlers Regierungsantritt im Januar 1933 gab es unter den im militärischen Geheimdienst tätigen Offizieren einige dezidierte Hitler-Gegner. Dazu gehörte Generalmajor Ferdinand von Bredow, der im Kreis um General Kurt von Schleicher Pläne geschmiedet hatte, um eine Regierung Hitler durch einen Militärputsch zu verhindern. Bredow gehörte seit 1925 der «Abwehrabteilung» im Reichswehrministerium an, die er von 1930 bis Mitte 1932 leitete. Doch Schleicher stimmte diesen Plänen nicht zu, demissionierte als Reichskanzler und überließ Papen und Hitler das Feld. Bredow musste daraufhin seinen Dienst quittieren, versuchte als Privatmann gegen das NS-Regime zu arbeiten, indem er Verbindungen ins westliche Ausland knüpfte, und wurde Ende Juni 1934 im Zuge des «Röhm-Putsches» von der SS ermordet. Die Gründe dafür sind nicht klar. Er soll Hitlers Krankenakte aus dem Ersten Weltkrieg gekannt haben, in der die Lazarettärzte diesen als «Psychopath mit hysterischen Erscheinungsbildern» bezeichneten. Aber auch Göring dürfte ein Motiv für diesen Mord gehabt haben, weil er im November 1932 mit Bredow über eine Regierungsbildung, unter Einschluss der NSDAP, aber ohne Hitler, gesprochen hatte – ein Verrat an Hitler, den Göring logischerweise aus der Welt schaffen wollte.

Bredows Nachfolger, Kapitän zur See Conrad Patzig, geriet 1935 ebenfalls mit der NS-Führung in Konflikt und ließ sich in die Truppe zurückversetzen, wo er bis 1942 als Chef des Marinepersonalamtes mehr oder weniger geduldet wurde, danach aber keine weitere Verwendung mehr fand. Mit Admiral Wilhelm Canaris folgte schließlich ein politisch schwer einzuschätzender Mann. Er hatte im Ersten Weltkrieg Spionageerfahrung und 1920 als Adjutant des sozialdemokratischen Reichswehrministers Gustav Noske politische Erfahrung gesammelt. Als die Nationalsozialisten an die Macht kamen, galt er eher als Befürworter dieser neuen Bewegung (wie übrigens mehrere spätere Widerstandskämpfer) und verstand es, mit Reinhard Heydrich, dem er aus der Marine freundschaftlich verbunden war, ein Arrangement zu finden, das die sich verschärfenden Geheimdienstrivalitäten zwischen Abwehr und SS regelte.

Sein Verhältnis zu Hitler war schwierig, zumal sich Hitler nicht für geheimdienstliche Lageberichte interessierte, sondern in Canaris hauptsächlich einen verwegenen Operateur von Kommandoaktionen und angezettelten Aufständen im gegnerischen Lager sah. Als Letztere scheiterten und die militärische Lage schwierig wurde, verschloss er sich gegenüber sachlichen Berichten. Canaris wurde nicht mehr von Hitler empfangen und musste den militärischen Chefs berichten, vor allem im Oberkommando der Wehrmacht. Hitler traf seine militärischen Entscheidungen zunehmend intuitiv statt auf der Basis geprüfter Informationen. Allerdings muss man hinzufügen, dass beispielsweise der von den Berufsmilitärs erstellte Aufmarschplan gegen die Sowjetunion von Anfang an verfehlt war und dass die taktischen sowie die strategischen Informationen über das sowjetische Militär, seine Bewaffnung und seine Kriegswirtschaft völlig unzureichend waren, wobei sich die Sowjets als Meister der Täuschung erwiesen und die deutsche Militäraufklärung immer wieder hinters Licht führten. Die Nachkriegslegende vom «militärischen Laien» Hitler, der den Ostkrieg vermasselt habe, war eine gezielte Lüge, mit der die ehemaligen hohen Wehrmachtsoffiziere von ihren eigenen Fehlern und ihrer historischen Schuld ablenken wollten.

Tatsächlich erfolgreich war die deutsche Militäraufklärung allerdings beim Angriff auf Frankreich im Frühjahr 1940, als sie die stark defensiv orientierte, risikovermeidende französische Strategie korrekt analysierte, wie der amerikanische Historiker Ernest May in einer genauen Untersuchung herausgearbeitet hat (*Strange Victory*, erschienen 2000; der Titel bezieht sich auf die klassische Darstellung von Marc Bloch zur französischen Seite – *L'Étrange défaite*). Dadurch verspielte die französische Militärführung ihre Überlegenheit an Zahl und Bewaffnung. Tatsächlich hatten die französischen Generäle die Zahl der deutschen Divisionen, Panzer und Flugzeuge um das Doppelte und Dreifache überschätzt, was dazu führte, dass die französische Seite zu stark defensiv operierte. Große Teile ihrer Landstreitkräfte wurden eingekesselt und von ihren britischen Verbündeten abgeschnitten. Zuletzt fehlte es an einer militärischen Reserve, wie der britische Premierminister Winston Churchill bei einem Blitzbesuch entsetzt feststellen musste.

Demgegenüber hatte die deutsche Seite zutreffend kalkuliert, dass ein überraschender Panzervorstoß mit vollem Risiko einen blitzartigen Sieg bringen würde, zumal für eine lang anhaltende Abnutzungsstrategie schlichtweg die Ressourcen fehlten. Generalmajor Kurt von Tippelskirch, Chef der Militäraufklärung «Fremde Heere» und seit seiner französischen Kriegsgefangenschaft (1915–1920) ein intimer Kenner des französischen Militärs, sowie Oberstleutnant Ulrich Liss, Leiter der Abteilung «Fremde Heere West», hatten nicht nur die Details der Militäraufklärung zutreffend bewertet, sondern vor allem die Mentalität der französischen Militärführung psychologisch zutreffend erfasst. Das war der Schlüssel zum Erfolg, wie Ernest May konstatierte.

In der jüngeren deutschen Forschung zur Geschichte des Zweiten Weltkriegs spielt die deutsche Militäraufklärung eine überwiegend negative, vor allem jedoch eine untergeordnete Rolle. Die einzige auf intensiver Forschung beruhende Gesamtdarstellung der deutschen Geheimdienste in der NS-Zeit stammt von David Kahn, einem der führenden Experten für die Geschichte der technischen Aufklärung. Es ist seine Oxforder Dissertation (von 1974) mit dem Titel *Hitler's Spies*, erschienen 1978, die sich neben Schriftquellen auf zahlreiche Interviews mit deutschen Zeitzeugen stützt.

In Deutschland fand hauptsächlich die rätselhafte Person von Geheimdienstchef Canaris eine breitere Aufmerksamkeit, zumal er nicht nur der Kriegspolitik Hitlers diente und damit in deren Verbrechen verstrickt wurde, sondern gleichzeitig in seiner Abwehr die gegen das NS-Regime gerichteten konspirativen Aktivitäten einiger seiner Mitarbeiter duldete und sogar förderte. Dazu zählten Major Hans Oster sowie der zivile Jurist Hans von Dohnanyi, der kurz vor Kriegsbeginn vom Reichsjustizministerium zur Abwehr wechselte, und Oberst Georg Hansen, für einige Monate zum Nachfolger von Canaris bestimmt. Wie weit allerdings Canaris in den Jahren kurz vor und nach Kriegsbeginn mit der Militäropposition verbunden war, ist bis heute strittig. Drei Tage nach dem Stauffenberg-Attentat fand die Gestapo Beweismaterial, das zu seiner Festnahme führte. Mit anderen Widerständlern kam er ins Konzentrationslager Flossenbürg, wo er allerdings erst am 8. April 1945 durch ein SS-Standgericht zum Tode verurteilt und tags darauf gehängt wurde. Einschließlich der bereits Genannten wurden insgesamt 25 Angehörige der Abwehr im Zusammenhang mit dem 20. Juli 1944 hingerichtet.

5. Sicherheit mit Otto John und Reinhard Gehlen

Nach der deutschen Kapitulation vom 8. Mai 1945 waren zunächst die alliierten Siegermächte für die innere und äußere Sicherheit Deutschlands zuständig. Mit der Viermächteerklärung vom 5. Juni 1945 übernahmen sie die Souveränitätsrechte über Deutschland, die übrigens teilweise bis zum «Zwei-plus-Vier-Vertrag» von 1990 in alliierter Hand blieben. Zu den ersten Maßnahmen gehörte die vollständige Auflösung des NS-Militär- und Sicherheitsapparats. Doch bald musste man auf lokaler und regionaler Ebene wieder deutsche Polizeikräfte mit leichter Bewaffnung zulassen, um die hohe Kriminalität in einer chaotischen Gesellschaft von verrohten und entwurzelten Menschen zumindest einzudämmen. Die Jagd auf flüchtige NS-Verbrecher und -Funktionäre sowie die Vorbereitung des Nürnberger Prozesses gegen führende NS-Kader, Militärs und weitere Hauptkriegsverbrecher blieben allerdings in alliierter Hand.

Wegen der zunehmenden ideologischen Ost-West-Spaltung kam zu den klassischen Polizeiaufgaben der Verbrechensbekämpfung die Beobachtung von Gruppierungen, die für den staatlichen Neuaufbau eine Gefahr darstellten, vermeintlich oder tatsächlich. Weitere deutsche Polizei- und Sicherheitskräfte wurden gebraucht. In der Sowjetzone wussten die neuen kommunistischen Machthaber sehr wohl, dass ihre Politik des gewaltsamen gesellschaftlichen und wirtschaftlichen Umbaus von der großen Mehrheit der Bevölkerung abgelehnt wurde. Sie etablierten deshalb rasch ein System der Repression, zu dem geheimdienstliche sowie polizeiliche Strukturen gehörten, einschließlich Konzentrationslager für ohne ordentlichen Gerichtsbeschluss Verhaftete, wobei teilweise alte NS-Lager weiterverwendet wurden.

In den Westzonen erinnerte man sich an die kommunistischen Umsturzversuche zwischen 1919 und 1923. Sollte es nochmals zu derartigen Angriffen kommen, wäre die Lage ausgesprochen prekär. Ein Umsturzversuch hätte wegen der Militärpräsenz Moskaus auf deutschem Boden sehr viel bessere Erfolgschancen gehabt. Deshalb hielten ihn die drei Westmächte für eine weitaus größere Gefahr als einen sowjetischen Westfeldzug auf breiter Front. Im Falle eines kommunistischen Aufstandes im Ruhrgebiet war mit einem blitzartigen bewaffneten Eingreifen aus Ostdeutschland zu rechnen. Aber auch bei einem rechtsradikalen Putschversuch hätte die Rote Armee vermutlich interveniert, um sich der Welt als einzige wirksame Barriere gegen ein Wiederaufleben der NS-Diktatur präsentieren zu können und gleichsam nebenbei sowjetische Streitkräfte am Rhein zu stationieren.

In dieser Konstellation, ob realistisch oder nicht, sei dahingestellt, kam es bereits vor Gründung der Bundesrepublik zur Bildung von Staatsschutzabteilungen in den Länderpolizeikräften sowie von Behörden des Verfassungsschutzes, die 1950 durch die Gründung eines Bundesamtes für Verfassungsschutz (BfV) ergänzt wurden. Das BfV war jedoch über Jahre hinweg eine ausgesprochen schwache Behörde, weil die Länder auf ihrer Hoheit über Polizei und Justiz beharrten. Es hatte 1955 nur gut 300 Mitarbeiter. Erst 1969 erreichte der Personalstand die Tausender-Marke. Zudem war der erste Präsident, Dr. Otto John, wenig effizient und im politischen Bonn schlecht angesehen. Er hatte dem Widerstand gegen das NS-Regime angehört – zusammen mit seinem Bruder Hans John, der vom Volksgerichtshof zum Tode verurteilt und hingerichtet wurde. Ihm selbst gelang durch seine berufliche Verbindung zur Lufthansa die Flucht nach Lissabon und weiter nach Großbritannien, wo er für das Foreign Office in der Kriegspropaganda tätig wurde.

An den Nürnberger Kriegsverbrecherprozessen wirkte er als Zeuge mit, unter anderem im Prozess gegen Erich von Manstein, der unter ehemaligen Wehrmachtsoffizieren als Ikone der preußisch-deutschen Militärtradition verehrt wurde. Dass Manstein bei der Eroberung der Halbinsel Krim für die Ermordung von Tausenden Juden, Sinti und Roma verantwortlich war, störte offensichtlich nicht. Auch nicht der Wortlaut seines Befehls vom November 1941: «Für die Notwendigkeit der harten Sühne am Judentum, dem geistigen Träger des bolschewistischen Terrors, muß der Soldat Verständnis aufbringen.» Die Versetzung des Generalfeldmarschalls in die Führerreserve (im März 1944), wegen impliziter Zweifel an Hitlers Kriegführung, reichte für seinen Ehrenplatz in der während der Nachkriegszeit weit verbreiteten «Wehrmachtlegende», der zufolge die Wehrmacht und der deutsche Soldat im Zweiten Weltkrieg ‹sauber› geblieben waren.

Otto John hingegen lag quer zum Zeitgeist, denn der Deutsche Bundestag setzte sich, mit den Stimmen aller Fraktionen (!), vehement für die Entlassung verurteilter NS-Straftäter (einschließlich Mansteins) ein und forderte, einen «Schlußstrich» unter die Entnazifizierung zu ziehen. Mit dem Grundgesetzartikel 131 und dem dazugehörigen Ausführungsgesetz vom 11. Mai 1951, dem sogar die Kommunisten im Bundestag zustimmten, wurden NS-belastete Personen wieder in den öffentlichen Dienst aufgenommen, sofern sie nicht schwere Kriegsverbrecher waren. Als John 1954 unter mysteriösen Umständen nach Ostberlin reiste und dort die schleichende Nazifizierung des westdeutschen Staatsapparates anprangerte, hatte die Bundesrepublik ihren ersten großen Geheimdienstskandal. «Einmal Verräter, immer Verräter» – so lautete das Urteil in westdeutscher Politik und Presse über John.

Johns Nachfolger wurde Hubert Schrübbers (1955–1972), der während der NS-Jahre als Staatsanwalt und danach in einer Polizeieinheit der SS an der Inhaftierung und Ermordung von Juden sowie von französischen Widerstandskämpfern beteiligt war. In britischer Kriegsgefangenschaft wurde er vom britischen Geheimdienst angeheuert, was seine Juristenkarriere nach 1945 und seine Berufung in die Leitung des BfV erklären dürfte, zumindest teilweise. Am stärksten war die Durchdringung von Sicherheitsbehörden mit NS-Belasteten übrigens im Bundeskriminalamt der 1950er Jahre, wo nur zwei von 47 leitenden Beamten keine NS-Vergangenheit hatten und 33 von ihnen ehemalige SS-Führer waren.

Die Organisation Gehlen. Einen Sonderfall unter den neuen Sicherheitsorganen bildete die sogenannte Organisation Gehlen oder «Org» im damaligen Jargon. Sie war eine 1946 gegründete nachrichtendienstliche Einrichtung, in der deutsches Militär- und Sicherheitspersonal unter amerikanischer Aufsicht und mit amerikanischen Mitteln tätig wurde und aus der ein Jahrzehnt später der Bundesnachrichtendienst (BND) hervorging. Zwar rekrutierten auch die britischen und französischen Besatzungsmächte eine Reihe von deutschen Nachrichtendienstlern, Waffenspezialisten und Militärs, doch geschah das in erheblich geringerer Zahl und ohne die Bildung einer eigenständigen Organisation.

Reinhard Gehlen, der Gründer und Leiter der Org, war ein ehemaliger Berufsoffizier, der praktisch den ganzen Krieg über im Oberkommando des Heeres (OKH) tätig war und seit 1942 als Leiter der Abteilung «Fremde Heere Ost» (FHO) Informationen zum sowjetischen Militär sammelte und auswertete. In Erwartung der deutschen Niederlage beschloss er, sein Wissen den Amerikanern zur Verfügung zu stellen, da er glaubte, diese allein seien in der Lage, eine vollständige Sowjetisierung Europas zu verhindern. Diesen Plan besprach er mit einigen Konfidenten, darunter mit seinem engen Vertrauten Gerhard Wessel, einem späteren BND-Präsidenten, und Ende 1944 mit Hermann Baun, dem damaligen Leiter einer Beschaffungseinheit an der Ostfront (Deckname «Walli»). Gemeinsam mit ihnen organisierte er den Transport von Metallkisten mit FHO-Unterlagen in die bayerischen Alpen, wo sie vergraben wurden, sowie die Überstellung von Mitarbeitern und ihren Familien nach Westen, um sie vor den vorrückenden Sowjets in Sicherheit zu bringen. Gehlen und seine Leute begaben sich sodann in amerikanische Kriegsgefangenschaft, wo sie sich dem Militärgeheimdienst zur Mitarbeit anboten.

Erwartungsgemäß waren die Amerikaner interessiert, weil sie – wie auch die übrigen Siegermächte – durch großangelegte Operationen deutsche Militärexperten, Wissenschaftler und Techniker sowie deren Unterlagen und Geräte sammelten, die sie als Kriegsbeute betrachteten, auswerteten und für eigene Zwecke nutzbar machten. Auch die Vereinnahmung der Gehlen-Gruppe gründete sich anfangs auf die schlichte Überzeugung, dass die Militärgeschichte, auch diejenige des Gegners, ein nützliches Lehrmaterial für das eigene professionelle Militär sei. Dass die zuständigen Offiziere des US-Militärgeheimdienstes zunächst misstrauisch waren, die Aussagen und die aus ihrem Versteck geholten Unterlagen akribisch prüften und sich nur schrittweise auf eine Zusammenarbeit einließen, ist nicht weiter verwunderlich.

Im Übrigen war Gehlen keineswegs der einzige Experte, der sich auf diese Weise den Siegern anbot – man denke an die deutschen Raketenexperten um Wernher von Braun oder an die «kriegsgeschichtlichen Studien» der Wehrmachtelite. Doch im Unterschied zu diesen bedurfte es aus der Sicht Gehlens und seiner ehemaligen Offizierskameraden einer sorgfältig konstruierten Legende, um sich dem Vorwurf des nationalen Verrats zu entziehen. Man berief sich auf einen Beschluss der Regierung Dönitz, die deutschen Soldaten und Beamten mögen sich in den Dienst der Sieger stellen, um damit dem deutschen Volk zu dienen. Genau das war es, was Gehlen für sich beanspruchte, indem er die Org als ein Instrument zum Schutz des demokratischen Westens gegenüber der sowjetischen Gefahr darstellte, und zwar in der Perspektive, sich und seine Org einer späteren demokratisch legitimierten deutschen Regierung zur Verfügung zu stellen. Sich auf die Regierung Dönitz – in der direkten Nachfolge Hitlers – zu berufen, mag im Rückblick absurd erscheinen, zumal die Siegermächte diese Regierung nie anerkannten. Aber es charakterisiert, wie man damals dachte.

Offensichtlich wurde Gehlens Plan vor allem deshalb realisiert, weil er in den Kontext des heraufziehenden Kalten Krieges, insbesondere dessen Verschärfung im Koreakrieg, und zu der nachfolgenden Wiederbewaffnung der Bundesrepublik passte. Sein Geschick, alles nachrichtendienstlich brauchbare Personal an sich zu binden und alle Rivalen auszumanövrieren, spielte ebenso eine große Rolle. Das dritte Element, welches diesen Erfolg erklärt, ist die Fähigkeit zur Anpassung. Denn Gehlen lag 1945 völlig falsch mit seiner Vermutung, die USA könnten bereit sein, den deutschen Ostkrieg mit dem Ziel der Niederwerfung Moskaus fortzuführen, um die kommunistische Gefahr ein für alle Mal zu bannen. Das Gegenteil war der Fall! Die USA suchten zunächst eine Partnerschaft mit den Sowjets und gaben sich nachfolgend mit dem Status quo der Teilung Europas (und Deutschlands) zufrieden. Sie kamen bereitwillig der Forderung nach einer Abtrennung der deutschen Ostgebiete zugunsten Polens und der Sowjetunion sowie der Vertreibung der ethnischen Deutschen aus Ostmitteleuropa nach.

Seit der Freigabe umfangreicher Akten der CIA lässt sich ein genaueres Bild davon gewinnen, wie die Zusammenarbeit der amerikanischen Geheimdienste mit Gehlen und vielen weiteren ehemaligen Wehrmachtsoldaten zustande kam, welche Absichten es auf der amerikanischen Seite gab und wie die Amerikaner dieses geheimdienstliche Angebot der Deutschen nutzten. Von unmittelbarem Gebrauchswert waren für die Amerikaner zunächst die vormals von Baun geleiteten, auf die Rote Armee spezialisierten deutschen Militärfunker, die bereits im Januar 1946 in der Nähe von Frankfurt am Main versammelt und in den Dienst des Geheimdienststabes der US Army gestellt wurden. Im Unterschied zu Gehlen war Baun ein Russland- und Sowjetexperte, der Russisch beherrschte, und ein erfahrener Nachrichtendienstler der Beschaffung. Gehlen hingegen hatte keinerlei eigene Erfahrung mit der Anwerbung und Führung von Quellen, weil FHO nur Informationen auswertete, die anderswo beschafft wurden. Somit wäre Baun viel geeigneter gewesen, die entstehende deutsche Spionageorganisation zu führen, doch seine schwierige Persönlichkeit und sein mangelndes Geschick in bürokratischen Grabenkämpfen ließen ihn am Ende scheitern.

Im Sold der Amerikaner. Gehlen wurde im August 1945 mit einer kleinen Gruppe von sechs Getreuen samt den ausgegrabenen Kisten in die USA geflogen, wo sie als Kriegsgefangene auf einem abgeschirmten Militärgelände bei Washington geheimdienstlich auf Herz und Nieren geprüft wurden. Wessel hingegen blieb in Deutschland, wo er als getreuer Gefolgsmann den Führungsanspruch Gehlens verteidigte und bemüht war, mit Baun zusammenzuarbeiten. Im Juli 1946 kehrte die Gruppe aus den USA zurück, um in Oberursel bei Frankfurt einquartiert zu werden. Es folgte ein langwieriges Hin und Her unter den verschiedenen Dienststellen der in Deutschland tätigen US-Militärgeheimdienste, wer die Aufsicht über die rasch anwachsende Org übernehmen und, nicht zuletzt, wer dafür bezahlen sollte.

Während Gehlen und seine Vertrauten zunächst Studien zum sowjetischen Militär und Militärgeheimdienst lieferten, führte die Gruppe um Baun eine rasch wachsende Zahl von Quellen in der sowjetischen Besatzungszone und befasste sich gleichzeitig mit der Beobachtung sowjetischer Quellen und Sympathisanten in den Westzonen. Diese «IIIer-Arbeit» wurde hauptsächlich von einem Stützpunkt in Karlsruhe betrieben, wo zahlreiche ehemals im Reichssicherheitshauptamt tätige «Experten» herangezogen wurden. Ob sie wirklich effizient arbeiteten und ob sie mehrheitlich aus den Polizeikräften stammten, die von der SS vereinnahmt worden waren, also «keine wirklichen Nazis» waren, wie behauptet wurde? Neueste Forschungen der Unabhängigen Historikerkommission legen nahe, dass dies nicht der Fall war. Vielmehr handelte es sich überwiegend darum, alten Nazi-Kameraden zu «einer warmen Suppe» zu verhelfen, kurzum, sie finanziell zu unterstützen.

Klar ist hingegen, dass die deutsche Seite (damals) kaum Nachforschungen hinsichtlich der NS-Vergangenheit dieser Personen betrieb und dass jede von ihnen mit Wissen der amerikanischen Aufseher tätig wurde, obgleich bereits damals die Verwendung von Leuten mit SS- oder SD-Vergangenheit, aus der Gestapo oder der Geheimen Feldpolizei ein strittiges Thema war. Vermutlich ging es dabei nicht nur um deren angebliche Expertise in der Spionageabwehr, sondern man heuerte sie auch an, um Zugang zu fortbestehenden SS-Zirkeln oder anderen NS-treuen Verschwörergruppen im politischen Untergrund zu gewinnen. (Dieser Aspekt wird in der historischen Forschung oft unterschätzt.) Doch das Potential für eine Rekrutierung solcher Leute durch den sowjetischen Geheimdienst lag auf der Hand und wurde bereits damals als Gefahr gesehen. Zu Recht, wie man weiß, denn die Sowjets nahmen diese Leute bereitwillig in ihre Dienste, wodurch beispielsweise 1961 das BND-Drama um die Sowjetagenten Heinz Felfe und Hans Clemens provoziert wurde.

Nachdem die 1947 gegründete CIA mit der Organisation Gehlen (zunächst) nichts zu tun haben wollte, verblieb die Operation RUSTY bei der US Army, die im Dezember 1947 begann, das Leitungspersonal in die ehemalige «Rudolf-Hess-Siedlung» nach Pullach bei München zu verbringen. Dort blieb der Sitz des BND bis zum endgültigen Umzug der BND-Zentrale nach Berlin am Jahresbeginn 2019. Immer wieder beauftragte man Spezialisten mit einer Überprüfung des Projektes, dessen Management den Zuständigen der US Army über den Kopf wuchs. Es sei zu teuer, zu sehr für sowjetische Unterwanderung anfällig und, falls es publik würde, zu schädlich für das internationale Ansehen der USA, hieß es immer wieder. Inzwischen seien 2500 bis 3000 Leute dort tätig, die geheimdienstlich von Stockholm bis Prag, Sofia, Rom und Paris operierten. Damit bestehe die Gefahr, so der gleiche Bericht vom Mai 1947, dass daraus eine gefährliche Untergrundarmee werden könnte, falls die USA ihre Kontrolle aufgeben sollten. Zugleich dachte der Verfasser bereits daran, dass im Falle der Bildung einer gesamtdeutschen Regierung die USA «über den Kern eines künftigen deutschen Geheimdienstes verfügen würden». Das heißt, die Organisation Gehlen war keineswegs nur eine Agentur der Nachrichtenbeschaffung, sondern sie wurde auf amerikanischer Seite zunehmend als Instrument der politischen Einflussnahme auf die politische Entwicklung in Deutschland gesehen.

Im großen Stil bewährte sich die Org bei der Berlin-Krise von 1948–1949, als die drei Westmächte eine Luftbrücke einrichteten, um Westberlin während der sowjetischen Berlin-Blockade mit dem Nötigsten zu versorgen. Diese Operation mit unbewaffneten militärischen Frachtmaschinen konnte nur unter der Voraussetzung funktionieren, dass die Sowjets diesen Konflikt nicht benutzen würden, um einen Krieg auszulösen. Doch woher sollte man wissen, ob diese Absicht bestand? Gewiss nicht durch westliche Spione im Kreml, die es nämlich nicht gab. Also blieb nur die minutiöse, fortlaufende Beobachtung des in Ostdeutschland stationierten Militärs sowie der Nachschubwege durch Polen. Hierbei leistete die Org wichtige Dienste, indem sie in der ostdeutschen Bevölkerung ein Netz von Beobachtern aufbaute und den militärischen Funkverkehr der dort stationierten sowjetischen Verbände beobachtete. Da eine moderne Armee oder Luftstreitmacht nicht aus dem Stand anzugreifen vermag, konnten die für einen Angriff erforderlichen Truppenbewegungen, Bevorratungen, Munitionstransporte und Ähnliches beobachtet beziehungsweise ausgeschlossen werden. Eine stark verfeinerte Weiterentwicklung dieses Systems von Indikatoren sollte später die Basis für das NATO-Frühwarnsystem bilden.

In einem Bericht von Colonel James Critchfield, der das Projekt RUSTY seit November 1948 ein weiteres Mal überprüfte und bis 1956 beaufsichtigte, heißt es: «Die US Air Force hat das größte Interesse an RUSTY und an den Ergebnissen von RUSTYs Aufzeichnung, Ortung und Entschlüsselung des Funkverkehrs der sowjetischen Luftstreitkräfte, da diese die einzige rasche Information über die sowjetischen taktischen Luftbewegungen in Mitteleuropa darstellen. (...) Die Air Force hat des Weiteren angeregt, dass RUSTY die Möglichkeiten für die eventuelle Rettung von Flugzeugbesatzungen und für Fluchtwege aus der UdSSR erkunden möge.» Neben der Beschreibung der Funkbeobachtung und -entschlüsselung fällt im letzten Satz auf, dass eine derartige Evakuierung auf geplante und laufende Spionageoperationen hindeutet, bei denen Überflüge nicht nur der Satellitenstaaten, sondern auch des sowjetischen Territoriums erfolgten. Diese Überflüge wurden zunächst mit umgebauten Bombern, später mit besonders hoch fliegenden Spionageflugzeugen wie der amerikanischen U-2 durchgeführt. Bekannt ist ferner, dass amerikanische B-29-Bomber entlang der innerdeutschen Zonengrenze flogen, um die Sowjets zur Aktivierung der Radaranlagen ihrer Luftabwehrsysteme zu zwingen, deren Dichte und technische Fähigkeiten von allergrößtem Interesse für die USA und übrigens auch für die Briten waren.

In politischer Perspektive fügte Critchfield hinzu: Die 4000 Leute in der Operation RUSTY seien «ein wichtiger politischer Faktor im Hinblick auf Deutschlands Zukunft». Da viele der Mitarbeiter ehemalige Wehrmachtsoffiziere seien, darunter viele Generalstäbler, könne RUSTY eine Rolle spielen «in einer westlichen Militärallianz». Für Critchfield und vermutlich für viele andere amerikanische Offiziere ging es also nicht allein um die Beschaffung von Geheiminformationen, sondern RUSTY diente auch als Sammelbecken für ein künftiges deutsches Offizierskorps, das auf diese Weise unter amerikanischen Einfluss kam. Ob es sich dabei um ein vereinigtes Deutschland oder einen westdeutschen Teilstaat handeln würde, war noch offen.

Somit hatte die Org eine dreifache Funktion: als Personalreservoir für eine künftige deutsche Armee; als Grundstock für einen geheimen deutschen Nachrichtendienst; und als Instrument, um Einfluss auf die westdeutsche Politik zu nehmen. Reinhard

Gehlen gelang es, den Amerikanern schmackhaft zu machen, was nach Übernahme der Org durch die CIA im Juli 1949 für diese noch neue US-Behörde von besonderem Interesse war: Die CIA konnte sich als dritter amerikanischer Akteur in Europa – nach dem Außenministerium und den Streitkräften – profilieren. Denn die zeitlich noch unbestimmte Übernahme der Org durch die im September 1949 gebildete Bundesregierung würde der CIA besonderen Einfluss auf die westdeutsche Politik sichern. Allerdings mussten die Amerikaner auf die britischen und französischen Interessen Rücksicht nehmen. Hier gelang es Gehlen, bereits vor Ausbruch des Koreakrieges Kontakte zum französischen Auslandsnachrichtendienst SDECE zu knüpfen, der an Meldungen und Berichten über Ostdeutschland und die dort stationierten sowjetischen Militäreinheiten interessiert war. Auch die Briten wurden auf dem Umweg über die besonderen britisch-amerikanischen Geheimdienstbeziehungen («special relationship») an den Erkenntnissen der Org beteiligt. Eine offizielle, direkte Verbindung zur Org stellten sie allerdings erst 1954 her.

Der Impuls des Koreakrieges. Durch den Koreakrieg entstand schließlich eine Bedrohungslage in Europa, die eine geheime Zusammenarbeit für beide Seiten attraktiv machte. Es ist jedoch unverkennbar, dass die Amerikaner die Fäden in der Hand behielten. Jeder Schritt der deutsch-französischen Zusammenarbeit und der Kontakte zu den Briten erforderte ihr Plazet. Das Gleiche galt für Gehlens Bemühungen, mit der neuen westdeutschen Regierung in Kontakt zu kommen. Wenn es ihm schließlich gelang, zu Bundeskanzler Adenauers engem Vertrauten Hans Globke eine dauerhafte Verbindung aufzubauen, so waren die amerikanischen Aufseher stets im Bilde, allein schon deshalb, weil sie überall im Bonner Regierungsapparat ihre Vertrauensleute und Spitzel hatten. Für Informationen aus dem Bonner Regierungsapparat waren sie also nicht auf Gehlens Truppe angewiesen. Ihrerseits schickte die Org nicht nur Berichte zur außenpolitischen Lage nach Bonn, sondern sie war auch in der Inlandsspionage tätig, allerdings mit ausdrücklicher

Zustimmung der Bonner Regierung, die eine solche Zuarbeit zu Verfassungsschutz und Polizei wünschte.

Auf Grundlage neuester Forschungen im BND-Archiv ist klar nachweisbar, dass es sich hier um eine Art von Inlandsspionage handelte, die weit über den Auftrag der Spionageabwehr hinausging. Dabei lieferte man delikate Informationen über Adenauers politische Freunde und Gegner. Sodann bot Gehlen einer Reihe von Bundestagsabgeordneten seine Dienste an, wodurch das westdeutsche Parlament einiges über die Arbeit der Org für die Amerikaner erfuhr und zugleich sicherheitspolitisch beeinflusst wurde. Auf diesem Weg brachte die Org auch Interna der Bundestagsfraktionen in Erfahrung, die im Kanzleramt auf Interesse stießen.

Um die Führungsposition in einem künftigen deutschen Auslandsnachrichtendienst zu erreichen, versuchte Gehlen, auf den Aufbau des neuen westdeutschen Militärs Einfluss zu nehmen. Viele höhere Offiziere, die eine Zeit lang bei seiner Org «überwintert» hatten, kamen nun in Führungspositionen der Streitkräfte. Zunächst allerdings entwickelten sich in der Planungsorganisation des künftigen Militärs, dem «Amt Blank», eigene geheimdienstliche Strukturen. Das war insbesondere der Friedrich-Wilhelm-Heinz-Dienst, benannt nach einem ehemaligen Wehrmachtsoffizier, der in der Abwehr bei der Division Brandenburg gedient hatte, einer Spezialtruppe für Sabotageaktionen und andere «Sonderaufgaben». Die Rivalität zu Gehlen war offensichtlich, doch die ungleichen Kräfteverhältnisse waren es ebenso. Während Heinz nur über 200 Mitarbeiter verfügte, war es bei der Org ein Vielfaches.

Das klang imposant, doch wusste Gehlen nur zu gut, dass die Amerikaner nicht allein auf ihn und seine Org setzten, sondern mehrere Eisen im Feuer hatten, darunter auch den Heinz-Dienst. Und da sich die Realisierung der deutschen Wiederbewaffnung über Jahre hinzog, obgleich der westalliierte Grundsatzbeschluss bereits im September 1950 gefasst worden war, bemühte sich Gehlen, seine Org sowie Adenauers Konzept der sicherheitspolitischen Westintegration möglichst breit in der neuen bundesdeutschen Elite, vor allem in der Presse, zu verankern. Das geschah mit einem System von «Sonderverbindungen», die zwar keine Quellen im nachrichtendienstlichen Sinn waren, aber in einigen Fällen durchaus finanzielle Zuwendungen erhielten. Man könnte von Einflussagenten sprechen oder, im französischen Sprachgebrauch, von «ehrenhaften Korrespondenten». Das Konzept war keineswegs neu und findet sich bereits bei den «Konfidenten» des österreichischen Evidenzbureaus der 1850er Jahre. Doch in einem späteren Verständnis wurden die Grenzen eines künftigen Auslandsnachrichtendienstes weit überschritten, zumal diese Verbindungen bis in die 1960er Jahre hinein gepflegt wurden, als der Gehlen-Dienst längst in den Behördenapparat der Bundesrepublik übergegangen war und ein reiner Auslandsdienst sein sollte.

6. Geheimdienste in der Bundesrepublik

Mit der Gründung des Bundesnachrichtendienstes am 1. April 1956 begann eine neue Ära, wobei jedoch der Großteil des hauptamtlichen Personals und der Quellen samt «Sonderverbindungen» erhalten blieb. Zunächst musste das Personal in Beschäftigungsverhältnisse des öffentlichen Dienstes überführt werden, was allerlei Schwierigkeiten bereitete. Viele der Jüngeren unter den ehemaligen Wehrmachtsoldaten quittierten ihren Dienst und traten in die Bundeswehr ein. Auch eine Reihe höherer Offiziere, die zunächst in der Org ihr Auskommen gefunden hatten, zogen die neue Uniform an. Doch wenn Gehlen geglaubt haben sollte, auf die Dankbarkeit seiner Ehemaligen zählen zu können, sah er sich bitter enttäuscht. In den Auseinandersetzungen um die nachrichtendienstlichen Mittel und Zuständigkeiten, die es zwischen Bundeswehr und BND aufzuteilen galt, wurde mit harten Bandagen gekämpft.

Eine zweite Gruppe von Mitarbeitern konnte für das Beamtenverhältnis vorgeschlagen werden, wobei der reguläre Weg über das Kanzleramt als vorgesetzte und politisch verantwortliche

Behörde und über den Bundespersonalausschuss zu nehmen war. Die Übrigen blieben im Angestelltenverhältnis, mussten jedoch in die vom Bund vorgegebenen Laufbahn- und Gehaltsgruppen einsortiert werden. Sodann gab es eine vierte Gruppe, die wegen ihrer NS-Belastung oder, weil die im öffentlichen Dienst vorgeschriebenen Bildungs- und Berufsqualifikationen fehlten, als freie Mitarbeiter geführt wurde. Was sich über «das amerikanische Jahrzehnt» der Org hinweg an Beschäftigungs- und Besoldungspraktiken angesammelt hatte, war mit dem deutschen Arbeits- und Dienstrecht nicht ohne weiteres vereinbar. Deshalb kam es immer wieder zu arbeitsrechtlichen Klagen, mit denen der BND zu hohen Zahlungen gezwungen wurde.

Schließlich ist eine besonders auffällige Vetternwirtschaft zu erwähnen, im Rahmen derer Gehlen nicht nur selbst eine zweistellige Zahl von Familienmitgliedern im Dienst beschäftigte, sondern auch seine Mitarbeiter in einem Ausmaß profitieren ließ, wie es in anderen Behörden unmöglich gewesen wäre, selbst wenn man die «Familiendynastien» im Auswärtigen Amt oder im Militär zum Vergleich heranzieht. Zur Erklärung ist zu sagen, dass die Org und später der BND – insbesondere das Spitzenpersonal – extrem gefährdet waren, trotz aller Tarnmaßnahmen und Sicherheitsvorkehrungen. Deshalb lebten in den Gründungsjahren die Führungskader mit ihren Familien auf dem Pullacher Gelände, wo es einen Kindergarten, eine Schule, eine Lebensmittelversorgung und Freizeiteinrichtungen gab. Da war es nur logisch, die Ehefrauen und erwachsenen Kinder oder andere erwachsene Familienangehörige auf dem Gelände zu beschäftigen. Zudem boten enge Verwandte eine bessere Gewähr für persönliche Integrität und Zuverlässigkeit als Leute, die man über Kameradennetzwerke oder «von der Straße» rekrutierte.

Noch immer gab es für den geheimen Nachrichtendienst keine Berufsausbildung wie für handwerkliche oder akademische Berufe. Deshalb fanden sich in der ersten Generation von Mitarbeitern viele Personen, die aufgrund der Kriegsereignisse keine oder keine abgeschlossene Berufsausbildung hatten oder sonst wie durch den Soldatendienst, durch Flucht und Vertreibung oder durch Todesfälle in der Familie aus der Bahn geworfen worden waren. Hinzu kamen junge Soldatenwitwen mit heranwachsenden Kindern, unverheiratet gebliebene Frauen mit Abitur, aber ohne Berufsausbildung. Gewiss war der Nachrichtendienst eine Männerdomäne, in der ehemalige Wehrmachtsoldaten den Ton angaben und die meisten Spitzenpositionen von Generalstäblern besetzt wurden. Doch entgegen mancher Vermutung bildeten Frauen nicht nur die Masse der Bürokräfte, sondern waren bereits damals in verantwortlichen Positionen als Quellenführerinnen oder im Management zu finden, wenn auch in viel geringerer Zahl als später im 21. Jahrhundert.

Zur Erklärung, wie und warum zahlreiche NS-Belastete in den Dienst kamen, ist daran zu erinnern, dass es in den frühen Nachkriegsjahren in der deutschen Gesellschaft wenig Schuld- oder Unrechtsbewusstsein in Bezug auf die NS-Verbrechen und die vielen NS-Täter gab. Alle politischen Parteien waren sich einig, dass die im NS-Regime tätigen Beamten wieder in den öffentlichen Dienst zurückkehren sollten, ausgenommen jene, die nachweislich schwere Verbrechen begangen hatten. Mit dem Grundgesetzartikel 131 und dem Ausführungsgesetz von 1951 mussten diese Personen wieder aufgenommen und über die gesamte Behördenlandschaft – einschließlich Post und Bahn – verteilt werden. Das galt selbstverständlich auch für die geheimen Nachrichtendienste.

Intern gab es unterschiedliche Umgangsweisen damit. Einerseits wurde in den frühen Jahren weder genau geprüft noch nachgefragt, welche NS-Biographie ein Bewerber hatte. Eine allgemeine Überprüfung der höheren Gehaltsgruppen, wie sie für die Bundeswehr durch den Personalgutachterausschuss vorgenommen wurde, gab es beim BND nicht. Andererseits wurden in den Personalunterlagen immer wieder NS-Mitgliedschaften verzeichnet, bis hin zu strafrechtlichen und moralischen Belanglosigkeiten wie der Hitlerjugend und dem NS-Kraftfahrerbund. Wenn man aus der Gesamtheit der Beschäftigten nur diejenigen Personengruppen berücksichtigt, die operativ oder auswertend tätig waren, dürfte der Anteil der NS-Belasteten bei etwa 15 Prozent gelegen haben. Doch das Gros der NS-belasteten Personen war in den Außenstellen tätig. Den Aufstieg in die

Führungsetage der Zentrale schaffte kaum jemand von ihnen. Im Übrigen wurden die leitenden Posten durchweg mit ehemaligen Wehrmachtsoffizieren besetzt, die im NS-Staat generell keine Mitglieder der SS werden durften. Das heißt jedoch im Umkehrschluss: Aus der fehlenden Zugehörigkeit zum NS-Repressionsapparat im engeren Wortsinn folgt keineswegs, dass eine Person «nur Soldat» und damit nicht in die NS-Verbrechen verstrickt oder kein begeisterter Anhänger der NS-Ideologie war. Wie stark das Offizierskorps der Wehrmacht davon durchdrungen war, ist in der historischen Forschung längst nicht mehr strittig.

Einen weiteren Faktor in der öffentlichen Wahrnehmung bildete die subversive Tätigkeit der ostdeutschen Staatssicherheit, die gezielt darauf aus war, die Bundesrepublik als personelles Kontinuum des NS-Regimes hinzustellen. Hier bot sich der BND als besonders geeignete Zielscheibe an, zumal viele deutsche Presseorgane willige Abnehmer für derartige Geschichten waren, ob faktisch korrekt oder fabriziert, welche die Stasi geschickt lancierte, nicht selten durch gekaufte Journalisten. Man hat nicht zu Unrecht gesagt, der BND habe während des Kalten Krieges unter dem Einfluss zweier auswärtiger Mächte gestanden: der Amerikaner und der DDR-Staatssicherheit.

Bedrohungen und Krisen im Sowjetblock. Die Leistungen des BND während des Ost-West-Konfliktes sind bislang zu wenig erforscht und lassen sich deshalb nicht zusammenfassend bewerten. Allenfalls für die Ära Gehlen, also bis 1968, ist eine auf Aktenauswertung gestützte Beurteilung möglich. Nach übereinstimmenden Belegen, die sich sogar in den Stasi-Unterlagen finden, waren die Leistungen dort am besten, wo es um die Erfassung und Einschätzung des sowjetischen Militärpotentials in Ost-Mitteleuropa, vor allem auf dem Boden der DDR, ging. Das bestätigte sich im fachmilitärischen Austausch mit amerikanischen, britischen und französischen Rüstungsexperten, der sich seit den 1950er Jahren entwickelte und zu dem zahlreiche Akten überliefert sind. Auch die Berichte zur Organisation der Sowjetstreitkräfte – im Fachjargon als *order of battle intelligence* bezeichnet – waren hervorragend.

Weit weniger dicht war hingegen die Erfassung der strategischen sowjetischen Atomwaffenpotentiale, weil die Bundesrepublik nicht über die dafür erforderliche Luft- und Satellitenaufklärung verfügte und weil ihr die fachliche Expertise fehlte, welche die drei westlichen Siegermächte fortlaufend aus ihren eigenen Atomprogrammen sowie aus der Entwicklung von Trägersystemen (Langstreckenbomber, Raketen, atomar bestückte U-Boote) gewannen. Dementsprechend gab es in Deutschland keine vergleichbaren strategischen Debatten, welche die nukleare Abschreckung und die Logik der Rüstungsbegrenzung miteinander verknüpften. Das wiederum erklärt – zumindest teilweise –, warum es zu Beginn der «neuen Ostpolitik» im BND zu heftigen internen Auseinandersetzungen zwischen Traditionalisten und den Verfechtern einer neuartigen Rüstungskontrollpolitik nach amerikanischem Vorbild kam.

Einen zweiten Schwerpunkt bildeten die sowjetische Dominanz im «Weltkommunismus» und insbesondere die Einflussnahme in jenen Weltregionen, die man pauschal als Dritte Welt bezeichnete. Dort waren durch die weitgehende Auflösung der westeuropäischen Imperien («Entkolonialisierung») neue Staaten und Regime entstanden, deren politische Ausrichtung als instabil eingeschätzt wurde. Es gelang dem BND offensichtlich, zunächst in Nordafrika und in Nahost, dann auch in Afrika südlich der Sahara Fuß zu fassen und eine eigenständige, wenn auch regional eng begrenzte Beschaffung aufzubauen. Das mochte zunächst für die (alte) Bundesrepublik nur von eingeschränkter Bedeutung gewesen sein, weil Bonn allenfalls wirtschaftlich initiativ werden, aber wegen der besonderen deutschen Risikolage keine eigenständige «nationale» Außenpolitik betreiben konnte, wie es beispielsweise Großbritannien oder Frankreich möglich war. Gleichwohl ergab sich daraus die Möglichkeit einer eigenständigen Lageeinschätzung. Zudem konnte man nachrichtendienstliches Tauschmaterial bereitstellen, das für die Zusammenarbeit mit Partnerdiensten unverzichtbar war. Hinzu kamen gemeinsam betriebene Abhöreinrichtungen und verdeckte Operationen zur Unterstützung von pro-westlichen Regimen oder politischen Gruppierungen.

Ob der BND in Krisenzeiten für die Bundesregierungen besonders nützlich war, lässt sich bislang nur für die frühen Jahre gesichert belegen. Beim ostdeutschen Volksaufstand vom 17. Juni 1953 war die Org sicherlich nicht auf der Höhe der Ereignisse, wie eine interne Bewertung freimütig zugestand. Gehlen selbst hielt den Aufstand für eine sowjetische Inszenierung, weil er sich ein derart kolossales Versagen der sowjetischen Geheimdienste schlichtweg nicht vorstellen konnte. Dabei entlastete dieses Versagen in gewisser Weise seine Org, denn wie sollten die westdeutschen Nachrichtendienstler besser abschneiden als ihre sowjetischen Gegenspieler, zumal die Org weitestgehend auf militärische Belange fixiert war und sich damals mit gesellschaftlich-wirtschaftlichen Entwicklungen in der DDR allenfalls am Rande befasste?

Ähnlich unrealistisch wird in der deutschen Publizistik immer wieder hervorgehoben, der BND habe den Berliner Mauerbau von 1961 nicht vorhergesagt. Heute wissen wir, dass der entsprechende Beschluss des Warschauer Paktes nur wenige Tage zuvor gefasst wurde. Wie also hätte der BND berichten können, was Ulbricht und Chruschtschow selbst noch nicht genau wussten? Immerhin wurden der Transport von Baumaterial und die Mobilisierung von DDR-Werksbrigaden zeitgerecht gemeldet. Ansonsten war das Drama der Fluchtbewegungen aus der DDR bestens bekannt, die auf die eine oder andere Weise eine Absperrung Ostberlins erforderten, wenn man den Verlust an Fachkräften und an internationalem Ansehen eindämmen wollte. Dafür gab es bereits eine öffentliche Zusicherung von US-Präsident John F. Kennedy, die USA würden sowjetische Sicherungsmaßnahmen nicht als Kriegsgrund sehen, sofern sie auf den Ostsektor Berlins beschränkt blieben.

Was die Öffentlichkeit damals nicht wusste: Die geheimen Notfallmaßnahmen der Westalliierten waren durch den britischen Doppelagenten George Blake verraten worden, was man jedoch erst Monate nach seiner Verhaftung im März 1960 herausfand und wodurch die Handlungsmöglichkeiten der Westmächte stark eingeschränkt wurden. Sodann wissen wir, dass selbst die DDR zunächst keine Mauer, sondern nur einen Sperrzaun baute, aus dem erst eine Mauer wurde, als das Stillhalten der Westmächte deutlich erkennbar war. Nicht zuletzt ist zu fragen, was sich politisch geändert hätte, wenn der BND den 13. August als Tag X hätte melden können. Offensichtlich gar nichts, denn die Westmächte hätten, wie gesagt, nichts unternommen, und die Bonner Regierung hatte in Berlin keine Souveränitätsrechte, konnte also nichts unternehmen.

Auch beim Einmarsch der Warschauer-Pakt-Truppen in Prag im August 1968 hatte der BND eine Vielzahl von Meldungen zum Drama des Prager Frühlings beigebracht, ohne das Datum des Einmarsches zu kennen, das sich ebenfalls äußerst kurzfristig ergab. Aus militärischer Perspektive war nicht der sowjetische Einmarsch an sich erschreckend, sondern die Präzision, mit der die Sowjetunion es vermochte, große Truppeneinheiten samt ihren schweren Waffen auf dem Luftweg zu verlegen. Das hatte man ihr nicht zugetraut, und es verschärfte offensichtlich die strategische Lage in Europa.

Bemerkenswert war auch, was der BND mit seiner Funkaufklärung melden konnte – nämlich, dass die Truppen der DDR vor der tschechoslowakischen Grenze stehen blieben, obwohl man sie in Grenznähe für den Einsatz bereithielt. Das wollte man zunächst weder in der NATO noch bei der Bundeswehrführung in Bonn zur Kenntnis nehmen, und als die NATO ihren Fehler korrigierte, behauptete die Bundeswehr, die NVA-Einheiten seien wieder zurückverlegt worden – ein cleverer Publicity-Trick, der nur deshalb durchging, weil der BND seine Auffassung in Bonn nicht energisch vertrat. Politik und Öffentlichkeit im Westen glaubten nun einmal gerne an den DDR-Einmarsch, und die DDR selbst wollte die Schande der Zurückweisung aus Moskau ebenso wenig publik machen.

Auch hier kann man jedoch nicht davon sprechen, dass die BND-Meldungen – so oder so – eine große Wirkung gehabt hätten, denn die Bonner Politik konnte praktisch nichts tun, um den Prager Reformkommunismus zu retten. Allerdings war es blamabel, dass der BND-Chef den Einmarsch aus einer Rundfunksendung erfuhr, wie der damals neu ins Amt gekommene Präsident Wessel seinem Tagebuch anvertraute. Als er frühmorgens nach Bonn zu einer Krisensitzung fliegen wollte, war sein Flugzeug nicht startbereit. Es stand für Wartungsarbeiten in Nürnberg.

Man sieht, wie wenig Gewicht der BND in Bonn tatsächlich hatte. Das mag an der geographischen Ferne zum Bonner politischen Apparat gelegen haben, wo das Auswärtige Amt und die Bundeswehr emsig bemüht waren, die außenpolitisch-analytische Konkurrenz aus Oberbayern nicht florieren zu lassen. Das mag auch an den mäßigen Leistungen gelegen haben, jedenfalls in der Frühzeit und mit Ausnahme der Militäranalysen, die sich aus personalpolitischen Turbulenzen und organisatorischen Schwächen ergaben, welche erst unter Gehlens Nachfolgern allmählich bewältigt wurden. Schließlich wirkte das schlechte Ansehen Gehlens nach, das seit der Felfe-Katastrophe (Ende 1961) zu heftigen internen Auseinandersetzungen um die politische Beaufsichtigung des Dienstes führte.

Der Verratsfall Heinz Felfe. Der Doppelagent Heinz Felfe bescherte dem BND seine bislang größte Geheimdienst-»Panne». Felfe war während der NS-Zeit als Kriminalkommissar im Sicherheitsdienst (SD) der SS tätig, kam bei Kriegsende in britische Gefangenschaft und wurde dort für den britischen Geheimdienst tätig, indem er umfänglich seine Kenntnisse zum Personal des RSHA preisgab und später als Spitzel an der Bonner Universität sowie in der KPD tätig wurde, wofür er sogar Parteimitglied wurde. Auf diese Weise wurde er 1949 als «Entlasteter» entnazifiziert, obgleich er SS-Obersturmführer und SD-Mitarbeiter gewesen war. Als die Briten erfuhren, dass Felfe seine KPD-Informationen an deutsche Nachrichtenhändler verkaufte, wurde er im April 1950 abgeschaltet. Nach einigen kurzfristigen Jobs und einer gescheiterten Bewerbung beim Verfassungsschutz vermittelte ihn ein SS-Kamerad an den sowjetischen Agentenführer «Max» (Iwan I. Sumin), der ihn am 1. September 1951 für reichlich Geld als sowjetischen Spion verpflichtete. Entgegen späterer Vermutung erfolgte dieser Schritt freiwillig und trotz einer erheblichen NS-Belastung. Dazu hieß es 1971 in einem internen Vermerk des MfS: «Mitgliedschaft in der SS war durch seine Tätigkeit bedingt (...) Angehörige der Kripo wurden automatisch in die SS übernommen.» Das war genau die gleiche Lüge, mit der sich zuvor die Org getröstet hatte, denn Felfe war bereits 1936 freiwillig in die Allgemeine SS eingetreten, wurde zugleich NSDAP-Mitglied und verpflichtete sich erst vier Jahre später (wiederum freiwillig!) zum Dienst im SD.

Am 15. November 1951 trat Felfe in die Org ein, zunächst bei der Spionageabwehr in Karlsruhe, ab September 1953 in der Pullacher Zentrale, wo er es mit dem Decknamen «Friesen» bis zum Leiter der Gegenspionage Sowjetunion brachte, obgleich immer wieder Hinweise auftauchten – im Verfassungsschutz und bei den westalliierten Geheimdiensten –, dass er nicht nur eine dunkle NS-Vergangenheit hatte, sondern auch ein Ostagent sein könnte. Nach 1961, als Felfe endgültig enttarnt wurde, behauptete Gehlen, dieser habe keine wichtige Rolle im BND gespielt und seine Enttarnung sei eine großartige Leistung der BND-internen Spionageabwehr gewesen. Nichts davon ist wahr, wie Felfes Biograph (Bodo V. Hechelhammer) unter Auswertung aller Geheimunterlagen im BND jüngst nachweisen konnte. Gehlen hatte derartige Warnungen persönlich erhalten und abgezeichnet. Er hielt Felfe ausdrücklich für einen «ausgezeichneten Fachmann der Gegenspionage» und nahm ihn wiederholt zu hochrangigen Fachgesprächen nach Bonn mit. Als Doppelagent erhielt Felfe sogenanntes «Spielmaterial» von seinen sowjetischen Auftraggebern. Das waren sachlich zutreffende Informationen über den Ostblock, sogar über sowjetische Einrichtungen in der DDR, die ihn über seine Kollegen weit hinaushoben. Allerdings fiel aufmerksamen Beobachtern wiederholt auf, dass BND-Operationen immer wieder ins Leere liefen, an denen Felfe beteiligt war oder über die er zumindest Bescheid wusste.

Hinzu kamen Nachforschungen im Zusammenhang mit Felfes Antrag auf Übernahme in das Beamtenverhältnis. Dabei fiel auf, dass bestimmte Angaben zu seiner NS-Vergangenheit falsch oder unvollständig waren. Doch Gehlen entschied, die «Skandalisierung» seiner NS-Vergangenheit und weitere Nachforschungen einzustellen. Sogar der Bundespersonalausschuss stellte seine

Bedenken zurück. Am 28. Februar 1958 überreichte ihm Gehlen persönlich die Verbeamtungsurkunde. Bald darauf äußerte das KGB den Wunsch, Felfe möge sich ins Auswärtige Amt versetzen lassen. Als der BND nach Felfes Verhaftung davon erfuhr, war man entsetzt, denn ein solcher Wunsch konnte nur bedeuten, dass die Sowjets einen zweiten – ungefähr gleichwertigen – Mann in den BND eingeschleust hatten. (Wenn es ihn tatsächlich gab, wurde er nie gefunden.)

Mit dem Beamtenstatus erhielt Felfe eine höhere Gehaltsstufe und weitere Zuständigkeiten, die ihm insbesondere Einblick in die Spionageabwehr des Verfassungsschutzes gewährten. Dabei hatte sich Felfe bereits vorher in viele Operationen eingemischt, deren Kenntnis ihm eigentlich nach dem «Schottenprinzip» nicht zustand. Dieses Prinzip sah vor, dass einzelne Operationen und Arbeitsbereiche innerhalb des BND voneinander zu isolieren waren. Der Schaden eines Verratsfalles sollte dadurch minimiert werden, wie die Wände der Schotten in einem Schiff das eindringende Wasser von dem übrigen Schiffsrumpf abhalten. Doch Gehlen selbst hatte für Felfe immer wieder Ausnahmegenehmigungen von diesem Grundsatz erteilt. Dadurch konnte Felfe sehr viel mehr verraten, als in seinen Zuständigkeitsbereich fiel – einschließlich Informationen über Partnerdienste, vor allem die CIA.

In der Tat war es der CIA, genauer gesagt einer CIA-Quelle im polnischen Geheimdienst, zu verdanken, dass sich der Verdacht gegen Felfe im Sommer 1959 verdichtete. Allerdings wollten die Amerikaner diese Informationen zunächst nicht an den BND weitergeben, um ihre polnische Quelle nicht zu gefährden. Als Felfe dann noch Agentenlöhne unterschlug und sich in Oberbayern ein schickes Ferienhaus baute, ging er selbst erhebliche Risiken ein, weil unverhältnismäßige Ausgaben bei einem Mitarbeiter in sicherheitsempfindlichen Bereichen immer einen Verdacht aufkommen lassen. Doch bei Felfe passierte nichts. Erst als Ende Dezember 1960 die genannte polnische Quelle in den Westen überlief, konnte die CIA die Karten auf den Tisch legen. Gehlen musste eine interne Ermittlungsgruppe einsetzen, die schließlich die erdrückenden Beweise zusammenfügte. Felfe wurde verhaftet und zu 14 Jahren Haft verurteilt, aber bereits 1969 gegen zwölf politische Häftlinge der DDR ausgetauscht.

Die Schadensermittlungen im BND (Operation «Chile») dauerten viele Jahre und erforderten die Prüfung sämtlicher Akten sowie sämtlicher Personen, die Felfe gesehen hatte beziehungsweise näher kannte. Felfe hatte zwei Komplizen im Dienst, Hans Clemens und Erwin Tiebel, die ebenfalls aufflogen und die, wie Felfe selbst, bis 1945 im SD Karriere gemacht hatten, ehe sie sowjetische Doppelagenten wurden. Dadurch wurden die Ermittlungen zusätzlich erschwert. Die ellenlange Liste der verratenen Personen und Operationen kann hier nicht aufgeführt werden. Es reicht zu wissen, dass die CIA sogleich einen umfangreichen Schadensbericht anfertigte, der erst seit einigen Jahren im Archiv einsehbar und vermutlich nicht vollständig ist. Ähnliche Schadensberichte der Briten, Franzosen und weiterer BND-Partner sind bisher nicht bekannt geworden. Sowjetische Akten dazu sind ebenfalls nicht zugänglich. Jedenfalls waren die BND-Operationen im Ostblock für viele Jahre zum Erliegen gekommen. Die Zusammenarbeit mit westlichen Partnern hatte zwar einen großen Einbruch erlitten, sie wurde jedoch fortgeführt, da vor allem die britischen und amerikanischen Geheimdienste damals ähnlich schwere Verratsfälle zu verkraften hatten.

Zu den Nachwirkungen des Felfe-Verrats gehörte die Überlegung, ob die NS-Vergangenheit Felfes und seiner Komplizen ein Schlüssel zu dessen Verständnis sei. In der deutschen Öffentlichkeit ebenso wie im Bundestag hatte man sich immer wieder mit den bohrenden Fragen nach NS-Belasteten im BND (und anderswo im öffentlichen Leben) auseinandergesetzt, zumal für NS-Verbrechen im Jahr 1965 die im damaligen Strafrecht geltende Frist von 20 Jahren ablief, nach der selbst schwere Verbrechen wie Mord nicht mehr vor Gericht gebracht werden konnten. Damit würden NS-Verbrecher, gegen die bislang keine Anklage vorlag, straffrei ausgehen. (Die Verjährungsfrist für Mord wurde erst 1979 aufgehoben.)

Gehlen, der dem Problem der NS-Belasteten in der Org sowie im BND stets aus dem Weg gegangen war, setzte eine kleine

Arbeitsgruppe («Org 85») ein, die im November 1963 begann, Vorschläge zum weiteren Vorgehen zu erstellen. Die Leitung übertrug er dem erst 30-jährigen Hans-Henning Crome, der bereits zur höchst geheimen internen Ermittlergruppe gegen Felfe gehört hatte. Crome verbrachte zwei Jahre damit, den genauen biographischen Verlauf von 157 mutmaßlich Belasteten zu untersuchen, unterstützt durch intensive historische und juristische Recherchen.

Bei 68 von ihnen wurde schließlich die Entfernung aus dem BND angeordnet, wobei allerdings diverse arbeitsrechtliche Probleme auftraten. Gewiss hatten diese Mitarbeiter unvollständige oder bewusst falsche Angaben in ihren Lebensläufen gemacht, was eine Entlassung rechtfertigen konnte. Doch nicht wenige konnten nachweisen, dass sie entweder bei der Einstellung aufgefordert worden waren, die NS-Jahre nur kursorisch in ihrem Lebenslauf zu vermerken, oder dass in den Einstellungsgesprächen keinerlei Versuch gemacht worden war, nähere Einzelheiten zu ihrer Tätigkeit während des Krieges zu erfahren. Hier von einer schuldhaften Täuschung des Arbeitgebers zu sprechen, hätte vor einem Arbeitsgericht schwerlich Bestand gehabt. Zudem wollte der BND diese Leute nicht «auf die Straße setzen», weil sie viel geheimdienstliches Insider-Wissen hatten und somit eine fette Beute für feindliche Geheimdienste gewesen wären. Deshalb war man bemüht, sie anderswo im öffentlichen Dienst oder in der Privatwirtschaft unterzubringen oder sie zumindest finanziell abzufinden. Eine strafrechtliche Verfolgung stand nicht im Ermessen des BND, aber der Schatten mutmaßlicher Kriegsverbrechen sowie der betrügerische Umgang mit historischen Wahrheiten konnte in einem Nachrichtendienst nicht geduldet werden, wie Crome in seinem streng geheimen Schlussbericht von 1965 ausführte. Dieser Bericht wurde übrigens erst 2010 öffentlich gemacht.

Die *Spiegel*-Affäre. Bereits ein Jahr nach der Festnahme Felfes spielte Gehlen in der sogenannten *Spiegel*-Affäre eine zwielichtige Rolle. *Der Spiegel* hatte in einem Bericht über ein NATO-Manöver heftige Kritik an der Gefechtsbereitschaft der Bundeswehr geübt (Überschrift: «Bedingt abwehrbereit»). Bei der Recherche hatte der BND redaktionelle Zuarbeit geleistet. Da der Artikel nach Ansicht des Generalbundesanwalts und eines Gutachters im Verteidigungsministerium geheime Informationen enthielt und somit der Verdacht auf Landesverrat bestand, ergingen Haftbefehle gegen den Chefredakteur und einige leitende Journalisten. Zusätzlich wurde eine polizeiliche Durchsuchung der Redaktionsräume angeordnet.

Vermutlich hätte dieser Fall weniger Aufsehen erregt, hätte er sich nicht zeitgleich mit der Kubakrise ereignet, in der die Gefahr eines Atomkrieges oder zumindest eines sicherheitspolitischen Erdbebens bei den Westmächten heraufbeschworen wurde. Auch in Deutschland herrschte damals große Angst, der Ost-West-Konflikt könnte zum Krieg eskalieren.

Offensichtlich war den *Spiegel*-Redakteuren klar, in welches Wespennest sie mit ihrem Bericht zu internen Konflikten des Bundesverteidigungsministeriums und der NATO um die Doktrin der Abschreckung stießen. Deshalb hielten sie engen Kontakt zu hohen BND-Beamten, denen sie einen Fragenkatalog vorlegten, wobei sie ihnen offenbar nie das gesamte Manuskript zeigten. Als die Bundesanwaltschaft Unterlagen in der *Spiegel*-Redaktion konfiszierte, stieß sie auf diese Dokumente, die nun den BND als mögliche Quelle eines Geheimnisverrats ins Licht rückten. Gehlen versuchte, durch seine Kontakte zu Verteidigungsminister Franz Josef Strauß seinen Kopf aus der Schlinge zu ziehen. Zugleich entstand der Verdacht, Gehlen habe den *Spiegel* vor einer Hausdurchsuchung und Anklage gewarnt. Am Ende blickte niemand mehr durch. Bundeskanzler Adenauer witterte eine Verschwörung von Geheimnisträgern mit der Presse, wollte zunächst Gehlen verhaften lassen, weil er ihn belogen hatte, und schob schließlich die Schuld auf Strauß, der als Minister entlassen wurde und erst vier Jahre später, in der (ersten) Großen Koalition (1966–1969), wieder in ein Ministeramt kam – diesmal mit Unterstützung der SPD.

Warum Adenauer fortan Gehlen für «überfordert» hielt, ihm misstraute, ihn aber doch nicht aus dem Amt entfernte, lässt sich nur mit einer energischen Intervention der amerikanischen

Regierung erklären. Bei einem Sturz Gehlens wäre es zu einer raschen, tiefgreifenden Reform des BND gekommen, an der die Amerikaner kein Interesse hatten. Das hätte eventuell die Hypothek ihrer deutschen Geheimdienstpolitik ans Tageslicht gebracht und ihren Einfluss reduziert. Adenauers Nachfolger Ludwig Erhard war schlichtweg desinteressiert, und erst mit der Großen Koalition begann man im Kanzleramt, an neuen Konzepten für einen BND nach Gehlen zu arbeiten und die politische (exekutive) Kontrolle des BND zu verschärfen.

Reformen und neue Aufgaben des BND. Unter dem 1968 ins Amt gekommenen neuen BND-Präsidenten Gerhard Wessel, der ab 1951 im Amt Blank und dann in der Bundeswehr Karriere gemacht hatte, unter anderem beim Aufbau des Militärischen Abschirmdienstes der Bundeswehr und als deutscher Vertreter in NATO-Gremien, kam es zu einer Serie von inneren Reformen, mit denen der BND durchgängig zu einer deutschen Behörde gemacht wurde. Das Konzept dafür wurde von einer Arbeitsgruppe unter dem späteren BND-Präsidenten Eberhard Blum erstellt. Dabei wurden alle Dienststellen der Beschaffung in einer neuen Abteilung I zusammengefasst; alle Auswertung wurde der Abteilung II zugewiesen. Die schier unüberblickbare Vielfalt an Außenstellen wurde geordnet, Mitarbeiterverträge wurden mit dem deutschen Dienst- und Arbeitsrecht in Einklang gebracht. Schließlich wurden die erwähnten «Sonderverbindungen» bis auf wenige abgeschaltet, zusammen mit anderen Instrumenten der inländischen Aufklärung und Beeinflussung. Wessel erklärte sich bereit, einige Führungskräfte «von außen», vor allem aus den Rängen der SPD, in die Leitung des BND aufzunehmen, um dem Eindruck einer einseitigen konservativ-parteipolitischen Ausrichtung entgegenzuwirken und sich dem Geist der «neuen Ostpolitik» sowie der SPD in Bonner Regierungsverantwortung anzupassen.

Diese Reformen und Anpassungen riefen erhebliche Widerstände im Dienst hervor. Einige Mitarbeiter, darunter Hans Christoph von Stauffenberg und Wolfgang Langkau, versuchten außerhalb des BND für ihre politischen Überzeugungen zu werben. Andere betätigten sich publizistisch, mit aktiver Unterstützung und Beteiligung Gehlens, um den neuen Kurs anzuprangern. Den Versuch vom Kanzleramt und von Wessel, durch eine Artikelserie im *Spiegel* gegenzusteuern, kann man nur als gründlich misslungen bezeichnen, weil die Berichte von Heinz Höhne und Hermann Zolling das öffentliche Bild des BND eher noch verschlechterten.

Im Januar 1969 hatten die beiden einen Brief an Karl Carstens geschrieben, damals Staatssekretär im Bundeskanzleramt (und späterer Bundespräsident): «Wenn wir bisher richtig recherchiert haben, so entspricht der Bundesnachrichtendienst (...) eher einem wissenschaftlichen Forschungsinstitut als dem landläufigen Klischee vom Geheimdienst.» Gegenüber einem BND-Vertreter sicherte Zolling zu, «das Schild des BND so sauber und rein darzustellen, wie es noch nie war». Das sollte die Genannten zur Kooperation verführen, zumal der *Spiegel* 1954 ein rosiges Bild der Pullacher Truppe gezeichnet hatte.

Der Nachfolger von Carstens, Kanzleramtsminister Horst Ehmke, führte das Projekt fort, begann sich jedoch am reißerischen Stil zu stören und verlangte grundlegende Änderungen. Bald warf der BND das Handtuch und schlug nur noch rein faktische Korrekturen vor. Im März 1971 erschien dann der erste von insgesamt 14 Artikeln. Diese und das nachfolgende Buch *Pullach intern* beruhten weitgehend auf Unterlagen und Hintergrundgesprächen des BND. Sie wurden dort teilweise redigiert, stellten jedoch einen Mischmasch aus Tatsachen und Halbwahrheiten dar, der über Jahrzehnte öffentlich wirkte und den BND immer wieder dem öffentlichen Gespött preisgab. Der *Spiegel*, einst durchaus dem Wehrmachtmythos und der Gehlen-Truppe gewogen, wurde zum heftigsten Dauerkritiker des BND im deutschen Blätterwald und blieb es bis heute.

Das Ende der Ost-West-Spaltung in Europa, samt dem Fall der Berliner Mauer am 9. November 1989, traf den BND deutlich weniger unvermittelt, als es in anderen Regierungsbehörden, in den politischen Parteien und in den westdeutschen Medien der Fall war. Im Unterschied zu diesen hatte nämlich der BND über viele Jahre hinweg den Niedergang der DDR-Wirtschaft beobachtet, als die meisten Ökonomen und Publizisten die DDR noch als modern beschrieben und darüber diskutierten, ob ihre wirtschaftlichen Leistungen – statistisch gesehen – kurz vor oder kurz hinter denjenigen Italiens lagen. Das Stichwort lautete «Konvergenz» der beiden Systeme. Die Unterschiede zwischen «hüben und drüben» würden sich bald aufheben. In diesem Sinne hatte die Bundesregierung die Anweisung gegeben, anstelle von eigenen Einschätzungen durch westdeutsche Behörden durchgängig die Statistiken der OECD zur Wirtschaftsleistung der DDR zugrunde zu legen, die ihrerseits auf den offiziellen DDR-Statistiken beruhten. Hier fragt man sich, wozu ein Auslandsnachrichtendienst dienen soll, wenn er seine Berichte auf Basis der in aller Regel gefälschten Wirtschaftszahlen einer Diktatur liefern soll. Bemerkenswerterweise orientierten sich die NATO-Gremien nicht an den OECD-Zahlen und kamen deshalb zu realistischeren Einschätzungen, wie man im Nachhinein feststellen konnte.

Auf Skepsis stießen in Bonn auch BND-Meldungen, denen zufolge in der Mehrheit der ostdeutschen Bevölkerung der Gedanke an ein wiedervereinigtes Deutschland, mithin an eine Aufgabe des kommunistischen Experiments, weiterhin lebendig blieb. Die Grundlage für diese Einschätzung bildeten die Berichte von Reisequellen und andere vom BND selbst erhobene empirische Daten, die im dezidierten Widerspruch zur Mehrheit der DDR-Forscher standen, von denen einige sogar glaubten, das Gegenteil – also die Existenz einer bewusstseinsmäßigen DDR-Nation – wissenschaftlich beweisen zu können. Gleichwohl dürften diese BND-Meldungen von einiger Bedeutung gewesen sein für den Kurs der Regierung Kohl–Genscher in den Turbulenzen des Jahres 1989, als sich in der DDR eine rasch anwachsende Opposition zu Wort meldete und das SED-Regime ohne bewaffneten Rückhalt aus Moskau mit dem Rücken zur Wand stand. Mit Hilfe der Stimmungsberichte des BND ließen sich die oppositionellen Strömungen zutreffender einschätzen, wobei allerdings nicht absehbar war, welche politische Konstellation dem Niedergang der SED-Herrschaft folgen würde.

Der politische Auflösungsprozess im sowjetischen Herrschaftsbereich, einschließlich der DDR, wurde also im Westen genauestens beobachtet, ohne seine Folgen zuverlässig abschätzen zu können. Doch erstaunlicherweise spielte der BND im Prozess der deutschen Vereinigung keine nennenswerte Rolle, obwohl die zu treffenden politischen Entscheidungen mit ungeheuren sicherheitspolitischen Risiken auf dem diplomatischen Parkett in Europa sowie in den transatlantischen Beziehungen verbunden waren. Man würde diese Behauptung nicht wagen, käme sie nicht vom letzten BND-Chef der westdeutschen Bundesrepublik, Dr. Hans-Georg Wieck, der damals ohne Zweifel einer der profiliertesten Diplomaten sowohl in den Ost-West-Beziehungen als auch im Bereich der internationalen Sicherheitspolitik war.

Es dürfte wiederum Hans-Dietrich Genschers Auswärtiges Amt gewesen sein, das die Deutungshoheit über die außenpolitische Lage für sich beanspruchen wollte. Allerdings hatte auch Bundeskanzler Kohl keine Vorliebe für den BND, seit sein Kanzleramt im sogenannten Rabta-Skandal eine schlechte Figur gemacht hatte. Der BND hatte deutsche Lieferungen für eine Chemiewaffenfabrik in Gaddafis Libyen zutreffend gemeldet, was man im Kanzleramt ignorierte, bis es Anfang 1989 von der US-Regierung öffentlich gemacht wurde. Das vorgebliche Nicht-Wissen der Bundesregierung wollte der BND-Präsident nicht auf seine Kappe nehmen. Es war schließlich nicht seine Schuld oder die seiner Mitarbeiter, wenn der Chef des Kanzleramtes die Berichte im Panzerschrank schlummern ließ. Wieck riskierte lieber einen Rauswurf, der bemerkenswerterweise durch das Parlamentarische Kontrollgremium verhindert wurde.

Sicherheit im Inneren und in der Bundeswehr. Wenn das Ende des Ost-West-Konfliktes eine entscheidende Zäsur in der Entwicklung des BND markierte, so erfolgte ein vergleichbar tiefer Einschnitt für das BfV erheblich früher. Aufgrund der föderalen Struktur der deutschen Justiz- und Sicherheitsorgane sowie der strikten Trennung von Polizei und Verfassungsschutz hatte das BfV zunächst Mühe, seinen Platz im Institutionengefüge, seine Aufgabenstellung und die ihm vom Gesetzgeber zugebilligten

Instrumente der nachrichtendienstlichen Arbeit zu finden. Hinzu kam in den Anfangsjahren ein akuter Personalmangel, der teilweise durch NS-belastetes Personal ausgeglichen wurde, was wiederum zu allerlei politischen Krisen in der Aufbauzeit führte. Zwei Jahre nach der Gründung gab es im BfV gerade einmal einen Personalstand von 90 Personen, darunter 20 Beamte. Bis 1957 waren es gut 400 Stellen, die allerdings nie vollständig besetzt werden konnten. Wenn man sich die damalige Bedrohung durch links- und rechtsradikale Gruppierungen vor Augen hält, lässt sich kaum von einem ausreichenden Schutz der jungen Bundesrepublik sprechen.

Die westlichen Besatzungsmächte hatten darauf bestanden, nur politisch saubere Leute einzustellen, wobei allerdings NS-belastete «Fachleute» über werkvertragsähnliche Konstruktionen, bezahlt aus Nebenhaushalten, engagiert wurden. Nach dem Ende der alliierten Kontrollen (1956) wurden einige von ihnen in das reguläre Personal übernommen, dann jedoch 1963, anlässlich einer öffentlich geforderten internen Säuberung, auf andere Posten im Staatsdienst abgeschoben oder in Pension geschickt. Als skandalös betrachtete man in der Öffentlichkeit auch die rechtlichen Grauzonen im Bereich der Telefonüberwachung und Observierung, die erst 1972 durch den Gesetzgeber beseitigt wurden. Nun hatte das BfV das Recht, «nachrichtendienstliche Mittel» einzusetzen und die Spionageabwehr, im Verbund mit den Landesämtern, als wichtige eigene Zuständigkeit zu betreiben.

Einige Jahre zuvor, im Mai 1968, hatte der Bundestag die sogenannten Notstandsgesetze verabschiedet, eigentlich eine Reihe von Gesetzen und Verfassungsänderungen, mit denen der Staat in die Lage versetzt werden sollte, in Katastrophenfällen, bei einem inneren Notstand oder im Kriegsfall bestimmte Bürgerrechte und verfassungsmäßige Beschränkungen der Staatsorgane außer Kraft zu setzen – vorübergehend, versteht sich. Derartige Bestimmungen hatte es bereits in der Weimarer Republik gegeben, und lange vor dem infamen «Ermächtigungsgesetz» (1933) der Hitler-Regierung hatte der sozialdemokratische Reichspräsident Friedrich Ebert derartige «Notverordnungen» unterzeichnet. Entsprechende Regelungen gehören in einer freiheitlichen Demokratie zum unverzichtbaren Instrumentarium, wie bereits die Väter und Mütter des Grundgesetzes wussten. Sie waren jedoch zunächst nicht durchzusetzen, weil die westlichen Besatzungsmächte diese Zuständigkeit bis 1955 behielten und auch danach nur bereit waren, sie abzugeben, wenn ein ausreichender Schutz für ihre in der Bundesrepublik stationierten Truppen gewährleistet war. Beispielsweise blieb die Telefonüberwachung und die Postkontrolle in alliierter Hand, allerdings mit Zuarbeit von Verfassungsschutz, BND und Bundespost. Die Stationierungsmächte erhielten das Recht, über ihr eigenes Personal mit eigener Militärpolizei und Gerichtsbarkeit zu wachen. Zusätzlich durften sie zum Schutz ihrer Truppen geheimdienstlich auf dem Boden der Bundesrepublik operieren. Erst mit der Verabschiedung der «Notstandsgesetze» wurden deutsche Behörden für die Kommunikationsüberwachung im Inland zuständig, wobei allerdings einige Sonderregelungen für die in der Bundesrepublik stationierten ausländischen NATO-Truppen weiterhin erhalten blieben – bis heute übrigens.

In den meisten Fällen war es nun die Polizei, die im Rahmen der Verbrechensbekämpfung mit der Telefon- und Postüberwachung befasst war. Dafür bedurfte es einer richterlichen Anordnung. Allerdings bekam auch der Verfassungsschutz damit zu tun, nämlich bei der Überwachung eventuell staatsgefährdender Personen und Organisationen. Der BND, der im Inland tätig werden durfte (und bis heute darf), sofern es um Bedrohungen aus dem Ausland ging oder soweit es dem Eigenschutz diente, war damit ebenfalls befasst und konnte Anträge auf Überwachungsmaßnahmen stellen. Diese Maßnahmen wurden auf der Grundlage eines Gesetzes von 1968 («G-10-Gesetz» – benannt nach dem einschlägigen Grundgesetzartikel) erteilt und von einer gesonderten Kommission überprüft (G-10-Kommission), wobei deren Entscheidungen nicht auf dem Rechtsweg revidierbar waren.

Obgleich Teile der SPD und der Gewerkschaften, aber vor allem die westdeutsche Studentenbewegung («68er») dagegen heftig protestierten, bewirkten ausgerechnet deren gewaltsame

Ausschreitungen eine zügige Verabschiedung der Notstandsgesetze. In diese Zeit fällt die große Zäsur der Neuorientierung und personellen Entwicklung des Verfassungsschutzes. Mit dem gewaltbereiten Linksradikalismus der Roten Armee Fraktion (RAF) und dem palästinensischen Terrorismus – man denke an das Attentat bei den Olympischen Spielen von München 1972 – tauchten völlig neue Bedrohungen auf. Durch den «Radikalenerlass» von 1972, der mit Zustimmung von SPD-Bundeskanzler Willy Brandt eine Zuverlässigkeitsprüfung beim Eintritt in den öffentlichen Dienst vorsah, sollten Extremisten jedweder Couleur vom Staatsapparat ferngehalten werden. Die aufwendigen und öffentlich umstrittenen Überprüfungen wurden zur Aufgabe für den Verfassungsschutz, der, um das alles zu bewältigen, personell massiv ausgebaut wurde – allein beim BfV von etwa 1000 Stellen (1968) auf über 2000 (1978).

Eine besonders schwierige Aufgabe war die Abwehr ausländischer Spionage, bis 1989 mit dem Schwerpunkt auf Spionage und Unterwanderung durch die DDR-Staatssicherheit und die sowjetischen Geheimdienste KGB und GRU. Westdeutschland war wegen der gemeinsamen Sprache und der Millionen von Flüchtlingen aus der DDR sowie Vertriebenen aus den Ostgebieten besonders für Unterwanderung anfällig. Bei einem Bevölkerungsanteil von 20 Prozent war es völlig undenkbar, diese Flüchtlinge, Vertriebenen und Übersiedler von den sicherheitsempfindlichen Teilen des Staatsapparates fernzuhalten, wie man beim Eintritt in die NATO 1955 zunächst gefordert hatte. Prominente Bundesminister wie Hans-Christoph Seebohm (CDU), Wolfgang Mischnick (FDP), Herbert Wehner (SPD), Horst Ehmke (SPD), Egon Bahr (SPD) und Hans-Dietrich Genscher (FDP) waren Ostflüchtlinge oder Vertriebene. Ihnen und vielen weniger prominenten Leuten konnte man in der Politik und im öffentlichen Dienst die Chancengleichheit nicht verweigern.

In einigen spektakulären Fällen wie dem des Kanzleramtspions Günter Guillaume erfolgte die Einschleusung (samt Ehefrau) tatsächlich über den Flüchtlingsstatus. Andere Ostspione wie beispielsweise Rainer Rupp (NATO) und Gabriele Gast (BND), die aus Trier beziehungsweise Remscheid stammten, repräsentierten den Typus des ideologisch der DDR verpflichteten Akademikers westdeutscher Herkunft. Auf andere Weise typisch waren auch die einsamen Bonner Sekretärinnen, die über sogenannte Romeo-Operationen, unter Vortäuschung einer Liebesbeziehung, zum Geheimnisverrat in Ministerien oder Sicherheitsbehörden verleitet wurden. BND-Sekretärin Gudrun Hofer, die aus einer politisch rechtsgerichteten Familie stammte, dachte, sie würde Geheiminformationen an eine Alt-Nazi-Organisation geben. Doch ihr Liebhaber wurde vom KGB geschickt.

Einen besonders schweren Fall bildete der hochverschuldete und alkoholsüchtige Hansjoachim Tiedke, zuletzt Gruppenleiter für die Spionageabwehr DDR im BfV, der 1985 in die DDR floh und das gesamte Wissen seiner Dienststelle preisgab, wodurch er weiteren Stasi-»Kundschaftern des Friedens» die Flucht ermöglichte. Für die Stasi war dieses Wissen jedoch nicht vollkommen neu, weil sie seit 1981 bereits Klaus Kuron als Quelle in derselben BfV-Abteilung führte. Später fertigte Tiedke aus seinem BfV-Wissen sogar eine Doktorarbeit an. Er wurde buchstäblich in letzter Minute, im August 1990, nach Moskau ausgeflogen.

Schließlich ist eine besondere, dem Verfassungsschutz ähnliche Behörde, das Amt für den Militärischen Abschirmdienst (MAD), zu nennen, das sich mit dem Personal und mit den Liegenschaften der Bundeswehr befasste. Gegründet 1956, im Kontext der Aufstellung westdeutscher Streitkräfte, diente der MAD hauptsächlich der Personalüberprüfung, wobei es neben der Aufdeckung von ausländischen Spionageangriffen auch rechts- und linksextremistische Einflüsse innerhalb der Bundeswehr abzuwehren galt. Das war eine riesige Aufgabe bei knapp 500 000 Soldaten und etwa 190 000 Zivilisten in der Verwaltung (Zahlen der 1980er Jahre). 2017 wurde er aus dem militärischen Bereich ausgegliedert und als Bundesamt direkt der zivilen Leitung des Ministeriums unterstellt, um zu verhindern, dass extremistische Personen und Vorfälle «aus soldatischer Kameradschaft» vertuscht werden.

7. Geheimdienste in der DDR

Die Geschichte des DDR-Ministeriums für Staatssicherheit (MfS) lässt sich auf die sowjetische Eroberungs- und Besatzungspolitik im östlichen Europa bei Ausgang des Zweiten Weltkrieges zurückführen. Das Modell war der Geheimdienst, den die Sowjets bei der Befreiung Polens von der NS-Herrschaft einrichteten, um die starken nationalstaatlichen, anti-sowjetischen Ambitionen in Polen unter Kontrolle zu bringen. (Man bedenke: Polen verlor ein Drittel seines bisherigen Staatsgebietes an die Sowjetunion!) Der neu geschaffene polnische Dienst orientierte sich an der sowjetischen Staatssicherheit NKVD, deren Strukturen und Praktiken aus der Vorgängerorganisation «Tscheka» entlehnt wurden.

Ende des Jahres 1944 hatte man bereits 2500 Rekruten gefunden, die von zunächst 200 sowjetischen Tschekisten ausgebildet wurden. Bald darauf stiegen die Zahlen auf ein Vielfaches, denn die sowjetischen Geheimdienstler sollten nicht nur ausbilden, sondern zugleich ein Netzwerk von Kontrollpersonen aufbauen, das den polnischen Geheimdienst (UB) auf Moskauer Kurs zu halten hatte. Dieses Muster wurde praktisch auf alle Staaten übertragen, in denen die Rote Armee seit 1944/45 präsent war und in denen kommunistische Regierungen mit mehr oder weniger direkter Gewalt eingerichtet wurden.

Im Berliner Vorort Karlshorst bezog die sowjetische Staatssicherheit mit etwa 2000 Personen ein riesiges Sperrgelände. Zunächst übte sie alle Geheimdienstfunktionen in ihrer deutschen Besatzungszone, der späteren DDR, selbst aus. Sie etablierte ein System von Ländern und Verwaltungseinheiten, die jeweils mit Geheimdienstposten ausgestattet wurden. Erst im August 1946 wurde eine ostdeutsche politische Polizei gegründet, die unter der Bezeichnung K5 firmierte und binnen zwei Jahren auf 700 Mitarbeiter anwuchs. Im Januar 1950 beschloss sodann das

Politbüro der kommunistischen Regierungspartei SED die Bildung des Ministeriums für Staatssicherheit (MfS) unter Wilhelm Zaisser, mit Erich Mielke als Stellvertreter. Im gleichen Jahr wuchs das Personal auf 2700 Mitarbeiter. Zaisser galt übrigens in Moskau als vertrauenswürdig, während Mielke als Verbündeter von Walter Ulbricht angesehen wurde, der seinerseits versuchte, die SED-Führung ein Stück weit selbständig gegenüber Moskau zu gestalten.

Offensichtlich wollte man in der SBZ, im Unterschied zu Polen, die Personalrekrutierung vorsichtiger angehen. Von 6670 Bewerbern sortierten die sowjetischen Kontrolleure 88 Prozent aus, weil sie Verwandte im Westen hatten oder sonst wie unzuverlässig erschienen. Am liebsten wollten «die Freunde», so wurden die Moskauer «Berater» in den Akten bezeichnet, ganz junge Leute, die sie selbst schulen konnten. Die wichtigeren Vorgänge bearbeiteten sie ohnehin selbst. Auch die Speziallager für politische Gegner (1945–1950) sowie einige Spezialgefängnisse standen unter sowjetischer Kontrolle.

Turbulent ging es im Sommer 1953 zu. Kurz nach Stalins Tod am 5. März 1953 präsentierte KGB-Chef Lawrenti Beria dem Politbüro in Moskau eine neue Deutschlandpolitik. Zugleich setzte er den Geheimdienst-Sonderbeauftragten in Berlin ab, schickte einen seiner Vertrauten dorthin und reduzierte die Zahl der Berater auf 328 Mann. Doch dann kam der Volksaufstand vom 17. Juni, der die Sowjets ebenso überraschte wie die SED-Führung. Es war ein riesiges Geheimdienstdesaster, nicht zuletzt ein ideologisches, da die Bedrohung für das SED-Regime hauptsächlich aus der ostdeutschen Industriearbeiterschaft kam und der Westen damit nichts zu tun hatte. Arbeiterstreiks gegen den Arbeiter- und Bauernstaat? Das war undenkbar!

Erneut wurde der Sonderbeauftragte ausgewechselt und das sowjetische «Berater»-Personal auf 540 aufgestockt. (Erst 1958 wurde es auf einige Dutzend Leute reduziert.) Um jedoch die Fiktion einer westlichen Attacke zu pflegen, inszenierte man «konzentrierte Schläge» gegen die angebliche westliche Unterwanderung, samt den im Sowjetsystem üblichen Schauprozessen. Bis Jahresende 1953 wurden 218 Personen festgenommen, denen man eine Agententätigkeit für die Org anlastete. Es waren jedoch nur 93 registrierte Quellen darunter, oder ca. zehn Prozent der Org-Quellen in der DDR, wie jüngste Forschungen ausweisen. Interessanterweise wurden nicht alle westlichen Quellen aufgegriffen, von denen die Stasi Kenntnis hatte. Hier liegt der Verdacht nahe, dass es sich um Doppelagenten handelte.

Zugleich wurde die Spionage der DDR verstärkt. Entgegen den Wünschen von SED-Chef Ulbricht kam nicht Mielke, sondern Ernst Wollweber an die Spitze des MfS, der seit 1944 die sowjetische Staatsbürgerschaft hatte und ein bewährter kommunistischer Kämpfer in der Weimarer Republik sowie im Spanischen Bürgerkrieg gewesen war. Die «Westarbeit» wurde in allen Bereichen verstärkt. Dazu diente eine 1951 gegründete Organisation der Auslandsspionage («Institut für wirtschaftswissenschaftliche Forschung»), welche man erst 1953 in das MfS eingliederte. Sie wurde zur «Hauptverwaltung Aufklärung» (HVA) ausgebaut, die fortan im engeren Sinn als Auslandsgeheimdienst der DDR fungierte. Ihr Leiter war und blieb bis 1986 Markus Wolf, ein zu hundert Prozent treuer Mann Moskaus mit sowjetischem Pass, der sich übrigens einige Jahre vor dem Berliner Mauerfall aus der Führung zurückzog, ohne dass es dafür (bis heute!) eine schlüssige Erklärung gibt. Dass er sich ausgerechnet ein Jahr nach dem Amtsantritt des sowjetischen Reformers Michael Gorbatschow «beurlauben» ließ, könnte auf eine politische Absicht hindeuten, in einem ostdeutschen «Reformkommunismus» an die politische Spitze zu kommen. Es mag aber auch private Gründe gegeben haben. Seine notorische Schürzenjägerei passte nicht zum Moralkodex der SED.

Trotz seiner glamourösen «Westarbeit» war das MfS in der Hauptsache ein Sicherheitsdienst – also ein Inlandsgeheimdienst, kombiniert mit einer Geheimpolizei, die exekutive Befugnisse hatte und in der Praxis eigene Strafprozesse organisierte. Das erklärt die Existenz von 17 Stasi-Untersuchungshaftanstalten. Regimegegner wurden unterdrückt und schwer bestraft, wobei, wie in praktisch jeder Diktatur, ein Schein von Rechtsstaatlichkeit gewahrt wurde. Die inzwischen sehr weit fortgeschrittene historische Forschung zur DDR-Staatssicherheit konnte in diesen Fällen den Nachweis erbringen, dass die Anklage durch das MfS verfasst wurde und den Richtern keinerlei Ermessensspielraum blieb. Wo keine förmlichen Anklagen möglich waren oder zu großes Aufsehen erregt hätten, suchte man Regimegegner mit allerlei Maßnahmen der «Zersetzung» «unschädlich» zu machen, wie der Kinofilm *Das Leben der Anderen* (2006) eindrucksvoll zeigt. Besonders infam waren die Kampagnen gegen DDR-Bürger, die in den Westen ausreisen wollten. Da ein solcher Antrag bei den Behörden an sich nicht gesetzwidrig war, kamen allerlei Schikanen gegen die Antragsteller zur Anwendung. In vielen Fällen, insbesondere bei Flucht oder Fluchtversuchen in den Westen, wurden Familien auseinandergerissen und Kinder zur Zwangsadoption freigegeben.

Nach dem Bau der Berliner Mauer, welche den Machtbereich der SED wirksam abschirmen sollte, verlagerte sich die Tätigkeit des MfS noch mehr auf die inneren Gegner des Regimes. Allerdings brachte dann die Entspannungspolitik durch Reisemöglichkeiten, Informationsaustausch und die zunehmende Bedeutung des Westfernsehens neue externe Gefahren für das Regime. Zur Beobachtung von Westbesuchern, von Medieneinflüssen und von unangepassten Teilen der Kulturszene, vor allem der Schriftsteller, wurden Tausende zusätzlicher MfS-Mitarbeiter eingestellt. Am Ende, im Jahr 1989, zählte die MfS-Belegschaft 91 000 Hauptamtliche und rund 200 000 «Inoffizielle Mitarbeiter» (IM). Hinzu kam das «Wachregiment Feliks Dzierzynski» mit 11 000 Mann.

Eine wichtige Rolle im MfS-Imperium spielte der geheime Handel mit westlichen Staaten, der unter dem Namen «Kommerzielle Koordinierung» (KoKo) dem Ministerium für Außenhandel zugeordnet war, jedoch in Wirklichkeit vom MfS kontrolliert wurde, das dafür eine eigene «Arbeitsgruppe» gebildet hatte. Seit 1966 wurde sie von Alexander Schalck-Golodkowski geleitet, den man im Jahr darauf zum «Offizier im besonderen Einsatz» des MfS berief, bis zum Rang eines Obersten beförderte und 1986 sogar als Mitglied im Zentralkomitee der SED aufnahm. Er war also eine Schlüsselfigur des SED-Regimes und zugleich der Stasi. Der Zweck der KoKo war, mit dem Verkauf von DDR-Waren möglichst viel Geld in westlicher Währung zu erwirtschaften, um damit die notorisch defizitäre Zahlungsbilanz des Staates aufzubessern.

Am Ende der DDR beschäftigte die KoKo 3000 Leute und verfügte über 150 Firmen, einschließlich des Waffenexporteurs IMES Import-Export GmbH mit seinem Hauptlager in der Nähe des Ostseehafens Rostock, der vor allem in die Krisengebiete der Dritten Welt lieferte – mit tatkräftiger Unterstützung der Stasi und an jede zahlungskräftige Kriegspartei. Im Übrigen handelte das Schalck-Imperium mit allem und mit jedem, das oder der harte Währung versprach. Zu den Spezialitäten gehörten Hightech-Waren, die einem internationalen Embargo unterlagen, Sondermüll aus der Bundesrepublik, Kunstgegenstände aus Kirchen und von Inhaftierten oder Zwangsenteigneten. Hinzu kamen die Häftlingsfreikäufe der Bundesrepublik, die von 1964 bis zur Wende mehr als 33 000 politische Häftlinge für über 3,4 Milliarden DM aus der DDR in den Westen brachten. Selbst für nicht-inhaftierte «Ausreisewillige» musste die Bonner Regierung Gebühren zahlen.

Bekanntlich wurden auch die westdeutschen Milliardenkredite an die DDR unter der Regierung Kohl von Schalck-Golodkowski mit dem damaligen CSU-Vorsitzenden und Bayerischen Ministerpräsidenten Strauß ausgehandelt, der alle Welt in Erstaunen versetzte und das SED-Regime für wenige Jahre vor dem Staatsbankrott bewahrte. Doch nichts erregte die DDR-Bevölkerung so stark wie die nach der Wende ans Licht gekommenen Luxusartikel westlicher Herkunft, mit denen sich die SED-Elite in ihrer Wohnsiedlung Wandlitz und anderswo das Leben versüßte. Das Geld dafür kam aus den KoKo-Geschäften.

Sehr viel kleiner als das MfS war die Militärische Aufklärung der Nationalen Volksarmee. Bereits die 1952 gegründete Kasernierte Volkspolizei (KVP) verfügte über eine Aufklärungsabteilung. Diese wurde als Reaktion auf den Volksaufstand vom 17. Juni 1953 umorganisiert und 1956 zu einem selbständigen Nachrichtendienst weiterentwickelt. Auch hier orientierte man sich am sowjetischen Vorbild, dem Militärgeheimdienst GRU. Die Hauptaufgabe war, ein Frühwarnsystem zu bilden, das einen bevorstehenden westlichen Angriff rechtzeitig melden konnte. Dazu wurde eine Zone von 400 bis 600 Kilometer Tiefe entlang des Eisernen Vorhanges intensiv beobachtet. Allein auf dem Gebiet der Bundesrepublik waren es 1700 Objekte (Anfang der 1980er Jahre), denen die besondere Aufmerksamkeit der Aufklärung galt. Hierfür wurden zahlreiche Quellen eingesetzt, von denen einige bis in die Tiefen des westdeutschen Militärapparates reichten.

Zu den besonders wichtigen Objekten gehörten die obersten Führungs- und Kommandostellen der NATO, die Führungsebene der Bundeswehr und die in der Bundesrepublik stationierten Streitkräfte der NATO-Verbündeten. Selbstverständlich wurden auch westliche Militärmanöver und Stabsübungen genauestens beobachtet. Eine zunehmende Bedeutung hatte das in den 1970er Jahren in der Sowjetunion entwickelte Indikatorensystem zur Warnung vor Angriffen mit Atomraketen (abgekürzt WRJaN oder RYAN), wobei die Sowjets übrigens das MfS (HVA) einbezogen und dessen Rivalen der Militärischen Aufklärung auf Distanz hielten. Entsprechende Informationen mussten die Militäraufklärer über das Lagezentrum der HVA an die Sowjets leiten, ohne über deren Frühwarnsystem genauer Bescheid zu wissen, wie der Historiker Bodo Wegmann herausfand. Gleichwohl leistete die Militärische Aufklärung ausgezeichnete Arbeit, nicht zuletzt durch eine akribische Auswertung westlicher Fachpublikationen und Presseartikel. Als Bundeswehr-Fachleute nach der Wende die Akten der NVA-Aufklärung durchforsteten, waren sie erstaunt, wie genau und sachlich korrekt deren Informationen über die Bundeswehr und die NATO waren.

Das Ausmaß und die Bedeutung der «Westarbeit», also der Unterwanderung der Bundesrepublik sowie der politischen Manipulation in anderen westlichen Staaten, haben nach 1990 heftige Kontroversen ausgelöst und lassen sich nicht vollständig aufklären, weil viele Unterlagen vernichtet oder rechtzeitig in die Sowjetunion verbracht wurden. Die deutsche Justiz konnte nur eine relativ kleine Zahl von Ostagenten zur Anklage bringen, da viele Fälle bereits verjährt waren. Dadurch entstand der

Eindruck, es seien der Bundesrepublik durch die DDR-Spionage keine größeren Schäden entstanden. Im Übrigen, so argumentierten viele, seien keine wichtigen politischen Entscheidungen davon beeinträchtigt worden. Rechnet man jedoch die großen Verratsfälle hinzu, die bereits zwischen 1949 und 1990 vor Gericht kamen, so ist das Bild der «unterwanderten Republik» (Hubertus Knabe) kaum zu leugnen. Hinzu kommen die Einflüsse auf die öffentliche Meinung im Westen sowie die Imagepflege der DDR, die in Frankreich, Großbritannien und anderen westeuropäischen Staaten durchaus Erfolge verzeichnete. Das meiste davon geht auf das Konto des MfS, das seinen Auftrag, «Schild und Schwert der Partei» zu sein, mit großer Effizienz und Brutalität erfüllte.

Zu einer offenen politischen Intervention des MfS in der Bundesrepublik kam es, als im April 1972 im Bundestag ein Misstrauensantrag gegen Bundeskanzler Brandt gestellt wurde. Dessen sozialliberale Koalition hatte – vor allem wegen der Ostverträge – ihre ohnehin knappe Mehrheit verloren, weil mehrere Abgeordnete zur Opposition der CDU/CSU-Fraktion überliefen. Der Antrag der Opposition scheiterte jedoch, weil – wie erst später bekannt wurde – zwei oder drei Abgeordnete vom MfS bestochen wurden. Bei zwei von ihnen konnte es eindeutig nachgewiesen werden. SED-Parteichef Honecker soll damals gesagt haben, dass eine Regierung Brandt «für uns alle angenehmer ist».

Wenn das wirklich so war, stellt sich die Frage, warum Brandt durch den ins Bundeskanzleramt eingeschleusten MfS-Offizier «im besonderen Einsatz» Günter Guillaume kompromittiert und 1974 zum Rücktritt gezwungen wurde. Guillaume war 1956 in den Westen «geflohen», im Jahr darauf in die SPD eingetreten und hatte sich allmählich durch seinen Fleiß das Vertrauen hoher Sozialdemokraten erworben, bis er schließlich als Referent ins Bundeskanzleramt empfohlen wurde, wo er zum persönlichen Referenten Brandts aufstieg. Eine gründliche Sicherheitsüberprüfung fand nie statt, obgleich es seit Jahren gewisse Verdachtsmomente gab. Da Brandt keine Schuld an diesem Aufstieg traf, hätte eigentlich der für Sicherheitsbelange zuständige Innenminister Genscher zurücktreten müssen. Doch dazu kam es nicht, weil sonst dessen FDP-Fraktion die Koalitionsfrage gestellt hätte. Zudem war erkennbar, dass Guillaume eine Menge kompromittierender Informationen über Brandts Privatleben hatte, die der SPD im bevorstehenden Bundestagswahlkampf (1976) geschadet hätten.

Erst nach der Wende stellte sich heraus, dass Guillaume hauptsächlich Interna der SPD-Spitze und kaum schwergewichtige Meldungen zur Bonner Außen- und Sicherheitspolitik geliefert hatte. Damit war dessen Verhaftung im April 1974 ein dreifaches Desaster für die SED-Politik. Sie hatte Brandt gestürzt, der ihr zuvor so nützlich erschien; sie hatte durch Guillaumes Spionage wenig Interessantes erfahren; und man konnte ihr erstmals völlig unwiderlegbar nachweisen, dass sie sich massiv in die Bonner Politik einmischte, denn niemand konnte glauben, dass ein Oberstleutnant des MfS ohne das Wissen der DDR-Staatsspitze im Bonner Kanzleramt agiert hatte.

Die in den Medien immer wieder gestellte Frage: «War die Geheimdienstarbeit des MfS besser als diejenige der westlichen Dienste, insbesondere von BND und Verfassungsschutz?», mag in einigen Bereichen zulässig sein (Rekrutierung und Führung von Quellen, technische Beschaffung, Genauigkeit der beschafften geheimen Informationen in den Bereichen Technik und Militär), sie übersieht jedoch die grundlegend unterschiedlichen Arbeitsbedingungen von Geheimdiensten in freiheitlichen Demokratien und in Diktaturen. Nicht nur sind bestimmte Verfahren und Operationen im einen Fall zulässig, im anderen nicht. Auch der Personalaufwand war enorm ungleich. Die Bundesrepublik hatte für je 10 000 Einwohner nur zwei Geheimdienstler (BND und Verfassungsschutz zusammengerechnet), während es in der DDR 53 (Hauptamtliche des MfS) waren, also 26-mal so viele.

Im Übrigen sind auch die westlichen Doppelagenten im DDR-Herrschaftsapparat, trotz ihrer geringen Zahl, keineswegs unbedeutend gewesen. Man denke an den übergelaufenen Stasi-Offizier Werner Stiller (Sektor Wissenschaft und Technik), der 1979 mit umfangreichen Kenntnissen und Unterlagen in den Westen kam. Zudem ist zu beachten, dass es Personen geben könnte, die bislang noch nicht bekannt sind oder deren geheimdienstliche Tätigkeit bislang nicht vollständig aufgeklärt ist. Beispielsweise gibt das komfortable Pensionisten-Dasein (ab Januar 1990) von Alexander Schalck-Golodkowski in einer Villa am mondänen oberbayerischen Tegernsee einige Rätsel auf. (Seine einstweiligen MfS-Kameraden wohnten zumeist in Ostberliner Plattenbauten!) Zwar wurde er wegen illegaler Devisengeschäfte und Waffenhandels mehrmals vor Gericht gestellt, aber nur zu einer geringen Bewährungsstrafe verurteilt und schließlich wegen einer Erkrankung für nicht-verhandlungsfähig erklärt, obgleich er danach noch 17 Jahre (bis 2015) weiterlebte. Auf seine früheren Verbindungen zum 1988 verstorbenen CSU-Chef Strauß lässt sich das Rätsel von 1990 gewiss nicht zurückführen. Eher schon auf den BND, der dazu schweigt wie ein Grab.

Wenn am Ende die SED-Herrschaft kollabierte, lag die Schuld weniger beim MfS-Handwerk der geheimdienstlichen Arbeit als an den SED-Granden, die sich dem Wandel der Zeiten nicht anzupassen vermochten und mit ihrer Politik in den Staatsbankrott trieben. Selbst die kommunistische Reformpolitik von Kreml-Chef Michael Gorbatschow lehnten sie strikt ab. Das MfS wagte es nicht, die politische Führung über den wahren inneren Zustand der DDR zu informieren. Allerdings war letztlich die sowjetische Reformpolitik unter Gorbatschow für den Untergang der DDR ausschlaggebend, weil sie einerseits der DDR den ideologischen (und finanziellen) Boden entzog und ihr andererseits im Angesicht der zunehmenden Bürgerproteste den bewaffneten Rückhalt verweigerte.

8. Internationale Entwicklungen seit 1990

Die ersten Jahre nach der Wende waren durch Umbrüche, Chancen und neue Herausforderungen geprägt. Bei BND und Verfassungsschutz fiel das gesamte Arbeitsfeld der DDR-Beobachtung und -Spionageabwehr weg. Hier wurde Personal freigesetzt, das man rasch auf anderen Arbeitsfeldern einsetzte. Zunächst musste eine Vielzahl von internen Verratsfällen bewältigt werden, die durch den Zugang zu den Akten der DDR-Staatsführung und des MfS aufgedeckt, aber in vielen Fällen wegen Verjährung nicht mehr vor Gericht gebracht wurden. In den ostdeutschen Bundesländern musste der Verfassungsschutz völlig neu aufgebaut, und es mussten Personalüberprüfungen für die dortige Regierungsbürokratie durchgeführt werden. Im westlichen Deutschland war der Kampf gegen die «Dritte Generation» der RAF noch keineswegs gewonnen. Bei zehn Morden, die ihr zwischen 1985 und 1993 zugerechnet wurden, konnte nur in einem Fall der Täter identifiziert werden. Weitgehend ungeklärt blieben die Morde an Deutsche-Bank-Chef Alfred Herrhausen (November 1989) und am Chef der Treuhandanstalt Karsten Rohwedder (April 1991), mit denen offensichtlich ein Widerstand gegen die Politik der deutschen Einheit provoziert werden sollte. Die RAF löste sich erst 1998 auf, als ihr selbst dieser Widerstand sinnlos erschien.

Für den BND boten sich ungeahnte Möglichkeiten der Beschaffung von Informationen und von militärischer Ausrüstung, weil auf dem Territorium der untergegangenen DDR noch bis August 1994 sowjetische, ab 1992 eigentlich russische Truppen stationiert blieben, die demotiviert und von westlichen Konsumgütern angelockt waren. Die Waffenarsenale des DDR-Militärs wurden ohnehin durch die Bundeswehr vereinnahmt, mit Ausnahme der nuklearfähigen Trägerwaffen. Was zuvor nur mit größter Mühe und in gefährlichen Einsätzen, zumeist jedoch gar nicht zu beschaffen war, ließ sich nun fast mühelos ergattern, um eigene Informationsdefizite aufzufüllen und Partnerdienste zu beliefern. Eine dieser Lieferungen, im Hamburger Hafen als landwirtschaftliche Geräte deklariert und für Israel bestimmt, flog allerdings im Herbst 1991 auf. Ein Zweisterne-General der Militäraufklärung musste vorzeitig in Pension gehen, obwohl er nichts weiter als seinen nachrichtendienstlichen Auftrag erfüllt hatte.

Trotz vielerlei neuer Herausforderungen in der internationalen Sicherheitspolitik kam es zu ausschweifenden Diskussionen um eine «Friedensdividende» nach Beendigung des Kalten Krieges. Es wurde sogar über eine Abschaffung des BND gesprochen, wofür die Fraktion der Grünen einen förmlichen Antrag im Bundestag stellte. Statt Realpolitik wurden idealistische Weltordnungspläne fabriziert, mit denen sich die Botschaft von Frieden, Demokratie und Menschenrechten verkünden ließ. An diesem und vielen weiteren Beispielen zeigte sich, dass der sicherheitspolitische Gedanke einer nachrichtendienstlichen Aufklärung in der deutschen Öffentlichkeit weiterhin einen schweren Stand hatte und von den Bundesregierungen unterschiedlicher Couleur nicht mit Nachdruck vertreten wurde.

Dabei konnte man sich auf die USA berufen, deren Präsident Bill Clinton 1993 vor den Vereinten Nationen seine Strategie des «democratic enlargement» verkündet hatte. Demokratie-Export mit mehr oder weniger friedlichen Mitteln sollte die Welt endlich von der Geißel des Krieges befreien. Was niemand wissen wollte, war jedoch die schlichte Tatsache, dass sich die herrschenden Potentaten und Clans der Dritten Welt damit nicht anfreunden wollten. Der Nahe und Mittlere Osten wurde vom diplomatischen Pulverfass zur Kriegszone mit Gewaltherrschaft. Verbündete des Westens, wie beispielsweise Saudi-Arabien, hielten erkennbar wenig von Demokratie und Menschenrechten. Westliche Militärinterventionen im Irak und in Afghanistan (später auch in Libyen) hinterließen Staatszerfall, Bürgerkrieg und Elend. Weder mit Diplomatie noch mit Waffengewalt gelang der Demokratie-Export oder wenigstens der Export minimaler Menschenrechte.

Im Übrigen hätte man auch ohne Geheimwissen schon frühzeitig erkennen können, dass dieses 1989/90 entworfene Bild von einer schönen neuen Welt samt Demokratie-Export nicht den Realitäten entsprach. Zum einen war der Kommunismus nur in Europa, nicht jedoch in Ostasien verschwunden, wo das chinesische Großreich, Nordkorea, Laos und Vietnam kommunistisch blieben – in China zwar mit einer Politik der Marktöffnung und des internationalen Handels, jedoch mit kolonialen Expansionsbestrebungen in Afrika und einem groß dimensionierten Aufrüstungsprogramm. Zum Zweiten war ungewiss, ob der Kurs von Marktwirtschaft und Demokratie in den Nachfolgestaaten des Sowjetreiches zu dauerhafter Stabilität und zu friedlichen Außenbeziehungen führen würde. Der Staatszerfall Jugoslawiens und seine Bürgerkriege ereigneten sich ausgerechnet dort, wo ein Vielvölkerstaat bereits in der vor-sowjetischen Zeit existiert hatte – also mit dem Kommunismus nichts zu tun hatte – und wo es seit längerem keine reine Staatswirtschaft mehr gegeben hatte. Gewaltsame ethnische Konflikte gab es also nicht nur in der Dritten Welt, sondern auch in Europa. Und drittens zeigte bereits der Irakkrieg von 1990/91, an dem sich die Bundesrepublik mit horrenden Finanzzuschüssen beteiligte, dass Diktatoren der Dritten Welt von ihrem Kurs der Hegemonie und Gewaltherrschaft nicht abwichen. So hatte der sowjetische Rückzug aus Afghanistan (im Februar 1989) nicht zu Demokratie und Frieden, sondern 1996 zu einer islamistischen Diktatur unter den Taliban geführt. Afghanistan, das während der 1960er Jahre (zur Zeit der Monarchie) bemerkenswert friedlich, wirtschaftlich aufstrebend und liberal war, wo Mädchen zur Schule gingen und Frauen Berufe ergriffen, versank immer mehr im Islamismus und im Bürgerkrieg – allen westlichen Hilfsbemühungen, Finanzzuschüssen und Interventionen zum Trotz.

Auf die islamistischen Terrorangriffe auf New York City und Washington («9/11») im Jahr 2001 folgte der «Arabische Frühling» von 2010/11, der keiner war, sondern nahezu alle betroffenen Staaten in einen Abwärtsstrudel des Staatszerfalls zog, aus dem sich nur Ägypten retten konnte, wenn auch durch einen hässlichen, weltweit für unzeitgemäß gehaltenen Militärputsch. Auch hier kam es zu ebenso fundamentalen wie folgenschweren Fehleinschätzungen des Westens. Die Hoffnung auf demokratisch orientierte Reformkräfte, denen man nur den Weg freischießen müsse (Beispiel Libyen-Intervention 2011), auf Akteure, die man mit Vertrauen und Geld auf den Weg der Mäßigung führen könne (Beispiel das «reformwillige» Ägypten der Muslimbrüder unter Präsident Mursi) oder denen man durch Waffenlieferungen und demokratische Hilfsangebote zum Sieg über die Streitkräfte eines bösen Diktators verhilft (Beispiel Syrien seit 2011) – sämtliche Hoffnungen also, der «Arabische Frühling» werde zu einer Demokratisierung und rechtsstaatlichen Öffnung der arabischen Welt führen, wurden bitter enttäuscht. Allenfalls in Tunesien deutete sich ein friedlicher Ausweg aus dem autoritären Ben-Ali-Regime an. Ob er dauerhaft gelingt, bleibt weiterhin unklar.

Als Quittung für das Versagen westlicher Analysen und Strategien strömten Millionen von Flüchtlingen in die Nachbarstaaten der Krisenzonen und nach Europa, wo sie zunehmend Ängste in den dortigen Bevölkerungen weckten. Zudem überforderten sie die Verwaltungen und teilweise auch die finanziellen Ressourcen. Hinzu kam, dass die «Flüchtlingskrise» eine neuerliche Ost-West-Spaltung in Europa bewirkte, weil die Staaten Osteuropas, die nicht zu multi-ethnischen Gesellschaften werden wollten, wie es einem verbreiteten westeuropäischen und nordamerikanischen Ideal entspricht, diese Flüchtlinge nicht aufnahmen. Diese Ost-West-Spaltung hatte sich allerdings bereits während der Krim- und Ukrainekrise seit 2014 angebahnt, in der Westeuropa kaum Unterstützung anbot und stattdessen auf eine Beschwichtigung Russlands setzte, während die Osteuropäer eine konfrontativere Haltung gegenüber der Putin-Regierung wünschten.

Auf dem Nährboden des Zusammenbruchs mehrerer islamischer Staaten, und zusätzlich einiger muslimisch geprägter Staaten Afrikas, entwickelten sich allerlei dschihadistisch-terroristische Gruppierungen, die von mehreren muslimischen Regionalmächten, vor allem vom Iran und von Saudi-Arabien, finanziert und unterstützt wurden. Eine dieser Gruppen, die sich Islamischer Staat (IS) nannte, unterwarf Territorien und Bevölkerungen, um sie mit quasi-staatlichen Strukturen zu beherrschen, zu terrorisieren und ethnisch ebenso wie religiös zu «säubern». Diese (zumindest teilweise) neue Form des islamistischen Terrorismus operierte zunehmend auch in den westlichen Staaten, wo sie bis heute Angst und Schrecken verbreitet.

Zunächst kaum bemerkt, bemächtigte sich der islamistische Terrorismus des Internets, das er für seine interne Kommunikation, für Propaganda (darunter die Beeinflussung der westlichen Medien), für die Werbung von «Kämpfern» und für anderes mehr einsetzte. Zu Recht hat man festgestellt, dass der «Islamische Staat» die erste kriminelle Organisation sei, die zweierlei territoriale Herrschaft ausübte: auf dem unterworfenen Territorium, wie beschrieben, und im Internet, wo er Webseiten in der Form von virtuellen Kolonien betreibt. Dabei erwarb der IS eine rasch anwachsende Fähigkeit zur Cyber-Kriegführung, wie sie allenfalls von einem Dutzend der weltweit knapp 200 etablierten Staaten vorgehalten wurde. Somit wurde die verschärfte Überwachung des Netzes und der übrigen elektronischen Kommunikation eine neue Aufgabe der Terrorismusbekämpfung durch die Geheimdienste. Allerdings entstand hier zugleich ein Zielkonflikt, weil die Bevölkerungen der westlichen Staaten zwar jede erdenkliche Sicherheit vor Terrorangriffen wünschten, aber den staatlichen Eingriffen in die elektronische Kommunikation aus Sorge um die bürgerlichen Freiheiten misstrauten. Kurz gesagt: Der Staat sollte alles können, aber nichts dürfen.

Zusammengenommen war im Westen ein grundstürzendes Versagen auf mehreren Feldern der internationalen Politik zu konstatieren, das vor allem ein intellektuelles Versagen und zugleich eines der Analyse, vermutlich auch der geheimdienstlichen Analyse, war. In der Außenpolitik agierte das demokratische Führungspersonal so hilflos, wie man es seit den 1930er Jahren nicht mehr erlebt hatte. Beispielsweise wurde bekannt, dass die US-Regierung die Hoffnung hatte, das internationale Netzwerk der Muslimbrüder würde sich für die Demokratisierung im Nahen und Mittleren Osten eignen. Dieser Hoffnung auf eine islamische Demokratisierungswelle schloss sich die

Berliner Regierung an, wobei sie lauthals den unmittelbar bevorstehenden Sturz des syrischen Staatspräsidenten Assad verkündete. Dabei hatten genauere Studien (aus öffentlich zugänglichen Quellen!) das genaue Gegenteil gezeigt. Bei nahezu allen radikalen Strömungen in der sunnitisch-muslimischen Welt ließen sich direkte Verbindungen zu den Muslimbrüdern nachweisen, auch in Syrien und im Irak. Das gilt übrigens auch für die Re-Islamisierung der Türkei unter Erdogan! Und das war der Grund, warum das ägyptische Militär unter Staatspräsident Abdel Fattah al-Sissi zum Kurs der harten Unterdrückung der Muslimbrüder zurückkehrte, wie er einst unter Präsident Gamal Abdel Nasser praktiziert wurde.

Ohne Zweifel hat diese tiefe Krise der westlichen Außen- und Sicherheitspolitik zu Verwerfungen innerhalb der Geheimdienste und in ihrem Verhältnis zu ihren Regierungen geführt. Sie wurden bei der Beurteilung dieser Konflikte zwischen ihren eigenen, eher pessimistisch gestimmten Einschätzungen und den optimistischen Vorgaben «von oben», also von ihren Regierungen, hin- und hergerissen. In den USA lässt sich dieses Spannungsverhältnis anhand von Presseberichten und Memoiren der Geheimdienstchefs sowie am zerrütteten Verhältnis der Trump-Administration zu ihren Geheimdiensten aufzeigen. In Deutschland kann man auf die vorzeitige Ablösung der Präsidenten von BND und BfV, Gerhard Schindler (2016) und Hans-Georg Maaßen (2018), verweisen, die über ihre Positionen zur Terrorismusabwehr und zu den Auswirkungen der Flüchtlingskrise von 2015 stolperten. Das Signal dieser beiden Entscheidungen aus dem Bundeskanzleramt war klar: Es wird kein Zweifel oder gar Widerspruch geduldet, wenn es um die Deutungshoheit über die weltpolitischen Verwerfungen und ihre Auswirkungen auf Deutschland (Flüchtlingskrise, Terrorismusabwehr, rechtsradikale Bürgerproteste) geht. Man fragt sich allerdings, wozu geheimdienstliche Expertise vorgehalten wird, wenn die Politik sie ignoriert oder gar bestraft.

Geheimdienst für die «Armee im Einsatz». Bis zum Ende der 1990er Jahre bildete sich ein Konsens, dass sich die Bundesrepublik in der entstandenen neuen «Weltunordnung» (Carlo Masala) stärker engagieren müsste als bisher, ausdrücklich auch mit Einsätzen der Bundeswehr, zu denen der BND Unterstützung zu leisten hatte. Auf der militärischen Seite entstanden neue, erstmals wieder nationale deutsche Führungsstrukturen, darunter das Einsatzführungskommando (2001), sowie geeignete Einsatzkräfte – begleitet von einer Kaskade von Bundeswehrreformen, deren Nebenzweck allerdings in massiven Haushaltskürzungen lag. Der BND erhielt, nach Auflösung des Amtes für Nachrichtenwesen der Bundeswehr (2002) und des nachfolgenden «Zentrums» mit ähnlicher Bezeichnung (2007), praktisch die alleinige Zuständigkeit für die nachrichtendienstliche Absicherung der Auslandseinsätze der Bundeswehr. Die Bundeswehr behielt kleinere Restbestände, vor allem der taktischen Aufklärung. Beispielsweise durfte sie im Einsatzgebiet menschliche Quellen führen, doch die taktisch-operative Aufklärung ging weitgehend auf den BND über. Immerhin blieb das 2002 gegründete Kommando Strategische Aufklärung bestehen, das etwa 6000 Mitarbeiter, davon 500 Zivilisten, zählte und vor allem für technische Aufklärung mit mobilen Plattformen zuständig war. Es unterstand bis 2017 der «Streitkräftebasis» und danach dem neu gegründeten «Organisationsbereich Cyber- und Informationsraum». Der Militärische Abschirmdienst (MAD, später BAMAD) sicherte weiterhin nur das Innere der Feldlager im Einsatzgebiet und überprüfte externes Personal.

Somit wurde die Bundeswehr von einer reinen Bündnisarmee, deren Verbände nahezu vollständig dem NATO-Oberkommando unterstellt waren, zu einer nationalen Armee, die sich fallweise – auf der Basis von Bundestagsbeschlüssen – an Auslandseinsätzen der Verbündeten beteiligte. In dieser Logik hätte sich die Gründung eines separaten militärischen Nachrichtendienstes angeboten, wie ihn alle vergleichbaren westlichen Staaten unterhalten – oft sind es sogar mehrere. Durch Entscheidungen der Regierungen Schröder und Merkel blieb die Bundesrepublik jedoch bei der bisherigen Konstruktion eines kombinierten Auslandsdienstes mit zusätzlichen militärischen Aufgaben. Auch eine Zusammenfassung der technischen Beschaffung in einem separaten Dienst (nach britischem Vorbild), wie sie unter anderem von Innenminister Wolfgang Schäuble ins Gespräch gebracht wurde, kam nicht zustande. Die Gründe lagen vor allem in der herrschenden politischen Stimmung, der man keine Debatte über erweiterte Aufgaben «nationaler» Geheimdienste zumuten wollte.

Es war eine Zeit des schwierigen Übergangs, denn der BND hatte zunächst genauso wenig Kriegserfahrung oder Erfahrung mit militärischen Auslandseinsätzen wie die Bundeswehr. Während des Kalten Krieges wollte sich die Bundesrepublik nicht an Kriegen beteiligen, die nicht von der NATO geführt wurden und nicht der unmittelbaren Verteidigung des NATO-Territoriums dienten. Dazu postulierte man ein verfassungsrechtliches Verbot von Auslandseinsätzen außerhalb des NATO-Rahmens. Wie sich später herausstellte, war diese Doktrin falsch, aber erst 1994 fällte das Bundesverfassungsgericht eine grundlegende Entscheidung, welche sie widerlegte: Nicht nur die UNO, sondern auch die NATO sei im Sinne des Grundgesetzartikels 24 ein «System gegenseitiger kollektiver Sicherheit». Allerdings, so sagte es, müsse das Parlament jeden Einsatz bewilligen. Damit wurde die Doktrin von der «Parlamentsarmee» geboren, die im Grunde auch nicht juristisch haltbar war, bis sie 2005 in ein Gesetz gekleidet wurde.

Vor 1990 hatte es verschiedene Versuche gegeben, die Bundeswehr für Einsätze «out of area» (außerhalb des NATO-Gebietes) zu gewinnen. Am heftigsten bemühte sich der amerikanische Präsident Lyndon B. Johnson darum, der 1965 eine deutsche Beteiligung am Vietnamkrieg forderte. Doch in Bonn war dafür keine Unterstützung zu finden, weshalb man schließlich zivile und finanzielle Hilfe leistete, unter anderem mit dem Hospital-Schiff «Helgoland», das von 1966 bis 1971 in den Häfen von Da Nang und Saigon vor Anker ging und mit deutschem Personal arbeitete. Damit war das Prinzip der deutschen Ersatzleistungen geboren, das später als «deutsche Scheckbuchdiplomatie» bezeichnet wurde. Auch am Ende des Kalten Krieges, beim Irakkrieg von 1990/91, kam es nicht zu einer Entsendung der Bundeswehr, wie es die westlichen Verbündeten wünschten, sondern zu Finanztransfers in Milliardenhöhe.

Mit General Jürgen Brandt war 1983 der letzte Generalinspekteur der Bundeswehr abgetreten, der noch Soldat in der Wehrmacht gewesen war. Bei den Unteroffizieren und den übrigen Offizieren war dieser Wandel bereits sehr viel früher erfolgt. Damit war die Bundeswehr vollständig eine Armee ohne Kriegserfahrung, die nur den Einsatz im Rahmen der NATO-Strategie der Abschreckung kannte. Umso schwieriger war es nach dem Ende des Kalten Krieges, die Bundeswehr zu einer «Armee im Einsatz» zu machen, zuerst in den Jugoslawienkriegen seit 1992 und später in Afrika und Afghanistan. Parallel dazu fehlte auch dem BND jegliche Erfahrung mit Operationen in Kriegs- oder Einsatzgebieten, wodurch die entsandten Bundeswehreinheiten zunächst auf Gedeih und Verderb auf geheimdienstliche Unterstützung durch ihre westlichen Verbündeten angewiesen waren. Zu Beginn des Afghanistaneinsatzes gelang es immerhin, Kartenmaterial und andere nützliche Informationen aus ehemals sowjetischen Beständen zu erwerben.

Wie man in den von der *New York Times* im Dezember 2019 publizierten «Afghanistan Papers» nachlesen kann, waren selbst die USA weitgehend ahnungslos über die dortigen Bedingungen, obgleich sie dort seit den 1980er Jahren geheimdienstlich operiert hatten. «Uns fehlte ein grundlegendes Verständnis für Afghanistan», sagte der Drei-Sterne-General Douglas Lute im Rückblick (2015), «wir hatten keine Ahnung, was wir dort tun.» Dabei war General Lute unter den Präsidenten Bush jr. und Obama der Afghanistan-Koordinator im Weißen Haus gewesen! Somit ist kaum anzunehmen, dass die Deutschen – zumindest am Anfang – besser orientiert waren. (Allerdings fehlt bislang der Einblick in vergleichbare deutsche Geheimunterlagen.) Erst ab etwa 2010 begann in der Bundeswehr und im BND der Aufstieg von einsatzerfahrenen Soldaten und Geheimdienstleuten in die oberste Hierarchie-Ebene. Das Defizit an Erfahrung gegenüber den westlichen Partnern hat sich seither stark verringert.

Wie reagierte die deutsche Öffentlichkeit auf diese neue «Weltunordnung»? Unter dem Schock der Terrorangriffe auf New York City und Washington am 11. September 2001 bildete sich im Deutschen Bundestag ein weitgehender Konsens über den Ausbau von polizeilichen und nachrichtendienstlichen Fähigkeiten der Terrorismusabwehr sowie über eine Verschärfung der entsprechenden Gesetze. Allerdings musste Bundesinnenminister Otto Schily, der sich vehement dafür einsetzte, gegen hartnäckige Widerstände in den rot-grünen Koalitionsparteien kämpfen. Im Gegenzug wurde die seit 1978 auf gesetzlicher Grundlage bestehende parlamentarische Kontrolle der geheimen Nachrichtendienste weiter ausgebaut.

Dieser Konsens begann einzubrechen, als es zu hitzigen Debatten um Eingriffe in die Bürgerrechte, vor allem um die Vorratsdatenspeicherung von Fernmeldeverbindungsdaten, ging. Statt über den richtigen politischen Weg zu streiten, wie es in einer Demokratie angemessen wäre, flüchtete sich jede Seite in juristische Verklausulierungen und diverse Klagen bei den obersten Gerichten. Diese Praxis fand auch mit der großen Novellierung der BfV- und BND-Gesetze von 2016/17, samt einer abermaligen Verstärkung der parlamentarischen Kontrolle, kein Ende. Was eigentlich politisch zu entscheiden wäre, wurde auf die Justiz verlagert. Eine kohärente Sicherheitspolitik, zu der auch eine Konzeption für die Geheimdienstarbeit in der neuen internationalen und sicherheitspolitischen Lage gehören würde, blieb man der Welt schuldig. Die Zauberformel vom «vernetzten Ansatz», mit der traditionelle sicherheitspolitische Instrumente hinter wolkigen Begriffen der Entwicklungszusammenarbeit und der internationalen Konferenzdiplomatie versteckt wurden, reichte erkennbar nicht aus. Auch die Forderung nach «europäischen Lösungen» diente hauptsächlich dazu, eigene nationale Entscheidungen auf die lange Bank zu schieben.

Ein kurioses Beispiel dafür war der deutsche Umgang mit dem völlig neuartigen Aufklärungsinstrument der «Drohnen». Nachdem die Bundeswehr anfangs nur kleine Aufklärungsdrohnen beschafft hatte, stellte sich alsbald die Frage, ob man mit den Verbündeten und deren Einsatz von größeren, weitaus leistungsfähigeren Drohnen mithalten wolle. Dabei war zugleich die Frage einer eventuellen Bewaffnung mit Raketen zu bedenken.

Zunächst wurde 2012 der Kauf der amerikanischen «Reaper» erwogen, zumal sich auch Großbritannien, Frankreich, Italien, Spanien und die Niederlande dafür interessierten (und sie schließlich kauften). Doch diese Absicht stieß in der deutschen Öffentlichkeit auf massive Kritik, weil «Reaper» der Obama-Administration als Waffe zur gezielten Tötung von Islamisten diente. Obama, einst die große Hoffnung der politischen Linken in Europa, mutierte zum «hässlichen Amerikaner». Nun wurde die Entwicklung einer europäischen Drohne («Euro Hawk») geplant, die allerdings, wie sich herausstellte, für den europäischen Luftraum keine Zulassung der europäischen Luftfahrtbehörde erhalten konnte. 700 Millionen Euro, nach manchen Schätzungen auch das Doppelte, gingen der Bundeswehr dabei verloren.

Schließlich wollte man eine israelische Drohne kaufen, aber der Vertragsabschluss im Januar 2017 wurde durch eine Konkurrenten-Klage der amerikanischen Firma General Atomics verhindert. So kamen Bundeskanzlerin Merkel und ihre Verteidigungsministerin Ursula von der Leyen auf die Idee eines zweigleisigen Vorgehens, egal was es kosten würde. Airbus sollte eine im Jahr 2025 einsetzbare Drohne entwickeln. Bis dahin würde man einige «Heron TP» aus israelischer Produktion leasen, wobei Airbus die Ausbildung des Personals und die Wartung übernehmen sollte. Die Stationierung in Israel und die eventuelle Bewaffnung würde «nach israelischen Vorgaben» erfolgen, wobei Letztere der israelischen Geheimhaltung unterlagen und deshalb nicht öffentlich gemacht wurden. Auf diese Weise musste man der deutschen Öffentlichkeit nicht sagen, ob diese Drohnen bewaffnet würden oder nicht, und man vermied eine Konfrontation mit deutschen Demonstranten am Absperrzaun eines Militärgeländes in Deutschland. Der Vertrag konnte endlich im Juni 2018 abgeschlossen werden, mit einer Laufzeit bis 2027. – Im *Weißbuch* 2016 der Verteidigungsministerin kam übrigens das Thema der großen, eventuell bewaffneten Drohnen überhaupt nicht vor.

Edward Snowden und der deutsche NSA-Skandal. Am 20. Mai 2013 flog der 29-jährige Edward Snowden von Hawaii nach

Hongkong. Er hatte über eine private Firma für die National Security Agency (NSA) als Netzwerktechniker gearbeitet und dabei eine riesige Menge an geheimen und super-geheimen Dokumenten heruntergeladen. Diese hatte er auf einem ungenannten Server versteckt, von wo aus er sie den amerikanischen Journalisten Glenn Greenwald und Laura Poitras sowie dem britischen Journalisten Ewen MacAskill zugänglich machte. Am 6. Juni publizierte der britische *Guardian* den ersten von zahlreichen Zeitungsberichten über die Ausspähaktionen der NSA. Es begann, was die Presse nahezu einhellig als NSA-Skandal bezeichnete – fortgeführt durch die häppchenweise Offenlegung weiterer von Snowden illegal beschaffter NSA-Dokumente. Wie viele es insgesamt sind und was sie genau enthalten, weiß bislang niemand. Angeblich auch die NSA selbst nicht. Im Herbst 2013 wurde zusätzlich bekannt, dass die NSA das Mobiltelefon der Bundeskanzlerin abhörte. Jedenfalls tauchte ihre Telefonnummer auf einer langen Liste von überwachten Telefonanschlüssen auf. Ermittlungen des Generalbundesanwalts liefen allerdings ins Leere und wurden mangels hinlänglicher Beweise bald eingestellt.

Immerhin ließ sich mit den Snowden-Dokumenten zumindest ungefähr rekonstruieren, wie sich im Zeitalter des Internets, der gigantischen Datenspeicher und der Suchmaschinen (Algorithmen) die technische Beschaffung der Geheimdienste, auch der deutschen, weiterentwickelt hatte. Seit spätestens 2007 überwachten die Vereinigten Staaten und Großbritannien in großem Umfang die Telekommunikation und insbesondere die Kabelstrecken für das Internet global und verdachtsunabhängig. Das heißt, es wurden – bedingt vor allem durch die Unzulänglichkeiten der Selektions-Software – sehr viel mehr Daten «herausgefischt», als für die Prävention terroristischer Anschläge nötig wären. Daran war offensichtlich auch der BND beteiligt, weshalb der Bundestag im Auftrag aller Fraktionen einen NSA-Untersuchungsausschuss einsetzte, um «Ausmaß und Hintergründe der Ausspähungen durch ausländische Geheimdienste in Deutschland auf[zu]klären».

Im Prinzip war diese Praxis zumindest in der Fachwelt bekannt. Auch das Thema der globalen technischen Beschaffung durch die anglo-amerikanischen Geheimdienste war bereits seit dem «Echelon-Bericht» (2001) des SPD-Abgeordneten und Vize-Präsidenten des Europaparlaments Dr. Gerhard Schmid in die politische Diskussion eingeführt worden. Allerdings gehörte damals das Ausspähen des Internets noch nicht zum Untersuchungsauftrag, sondern es ging vor allem um Richtfunkstrecken und Satellitenübertragung. Doch es lag in der Logik der technischen Beschaffung, dass sie vor diesem neuen Übertragungsweg von Kommunikation (vor allem Glasfaserkabel) nicht Halt machen würde.

Gleichwohl legten die meisten deutschen Politiker im Verlauf der Ausschussarbeit und der öffentlichen Debatten eine erstaunliche Unkenntnis über das Spionagepotential des Internets und der neuesten Technologien der Datenwirtschaft an den Tag. Code-Wörter wie PRISM, Boundless Informant, Tempora, XKeyscore, ICREACH und Fairview wirbelten durch den Äther, einige davon bislang unbekannterweise. Doch bald wurde klar, dass Deutschland auch deshalb nur partiell an dieser neuen Welt der Datenspionage teilhatte, weil die meisten digitalen Technologien, sowohl Geräte als auch Software, aus den USA, Südkorea, Japan und China geliefert wurden, während Deutschland (und das übrige Europa) viele dieser Innovationen verschlafen hatte. Das galt also nicht nur für den staatlichen Bereich, sondern auch für den privatwirtschaftlichen, der von Google, Amazon, Microsoft und einigen weiteren Konzernen beherrscht wurde.

Hinzu kam die Erkenntnis, dass die NSA unter dem USA Patriot Act von 2001 durchaus legale Möglichkeiten hatte, US-Telefongesellschaften zur Herausgabe von Verbindungsdaten ihrer Kunden zu zwingen. Entsprechende Verfügungen ergehen von einem speziellen Gericht (FISA Court). Gewiss gab es da und dort, auch in der hohen amerikanischen Richterschaft, Bedenken gegen diese Praxis. Aber ein großer Aufstand fand nicht statt. Die Gesetzgebung wurde nur minimal abgeändert. Die meisten Politiker und der überwiegende Teil der Öffentlichkeit stimmte mit Präsident Obama überein, der sogleich nach der ersten Presseveröffentlichung von Snowden-Dokumenten deren Echtheit bestätigte, auf die Rechtmäßigkeit der enthüllten Praktiken hinwies und stolz verkündete: «Wir werden uns nicht dafür entschuldigen, dass wir besser sind als andere.»

Durch immer häufiger auftretende Cyber-Attacken auf Regierungsstellen, Forschungseinrichtungen, Medien und Privatfirmen sowie durch den kriminellen Gebrauch des Internets durch Terroristen wurde selbst in Deutschland allmählich erkannt, dass diese geheimdienstlichen Technologien nicht nur im demokratischen Westen, sondern auch in Diktaturen und von autoritären Regimen – vor allem in China, Nordkorea und Russland – intensiv genutzt wurden. Und nicht zuletzt musste man in Berlin zur Kenntnis nehmen, dass die westlichen Verbündeten nichts zur Aufklärung im Bundestagsuntersuchungsausschuss beitragen und die Snowden-Affäre möglichst schnell beerdigen wollten. Somit blieb wenig anderes übrig, als sich die technische Aufklärung des BND vorzuknöpfen. Nun wurde die Ausschussarbeit zunehmend auf die inneren Strukturen des BND gerichtet, wo im Bereich der technischen Beschaffung (und der Zusammenarbeit mit westlichen Diensten) allerlei Missbrauch und Schludrigkeit aufgedeckt wurde. Aber die Suche nach den großen Schurken und ihren «Machenschaften» blieb ergebnislos. Mit der vorzeitigen Pensionierung von BND-Präsident Schindler und einer abermaligen Novellierung des BND-Gesetzes (2016) konnte endlich, nach drei Jahren, die Arbeit eingestellt werden.

In keinem anderen westlichen Land wurde die Snowden-Affäre so heftig und so lang politisch trätiert. Im Gegenteil, andere westliche Staaten machten sich an Geheimdienstreformen, die ihren Diensten mehr Kompetenzen, Spielräume und vor allem Ressourcen gewährten.

In Großbritannien stellte eine parlamentarische Untersuchungskommission fest, dass die Überwachung durch die britischen Geheimdienste vollständig gesetzeskonform, aber die Gesetzgebung selbst reformbedürftig sei. Ein neues Gesetz verschärfte die elektronische Überwachung. Desgleichen in Frankreich, wo die einschlägigen Gesetze verschärft und durch die sozialistische Regierung von Staatspräsident François Hollande über alle parlamentarischen Hürden gebracht wurden – mit weitgehender Zustimmung der Opposition. Um allen Zweiflern den Wind aus den Segeln zu nehmen, legte die Regierung von sich aus die neuen Bestimmungen dem Verfassungsrat vor, der – ähnlich dem deutschen Bundesverfassungsgericht – das letzte Wort in Sachen Verfassungskonformität hat und die Gesetze für zulässig erklärte. Schließlich wäre von anderen westlichen Demokratien zu berichten, beispielsweise von der Schweiz, Australien und Kanada, die ihre Bürgerrechte gewiss nicht weniger schätzen als Deutschland, aber doch die Befugnisse ihrer Geheimdienste massiv ausbauten.

Snowdens Klage einer «Verschwörung [der NSA] gegen das amerikanische Volk» fand in den USA wenig Echo. Sorge bereitet den Amerikanern allenfalls die Telefonüberwachung der eigenen Staatsbürger, während die Überwachung von Ausländern kaum in Frage gestellt wurde. Durch den USA Freedom Act von 2015 wurden nun die Telefon-Verbindungsdaten nicht mehr von den Geheimdiensten selbst, sondern von den Telefongesellschaften auf Vorrat gehalten, wobei diese den Geheimdiensten bei Bedarf Zugriff gewähren müssen. Im Übrigen gab und gibt es in den USA einen regen Austausch zwischen Privatwirtschaft und Geheimdiensten, insbesondere bei den Spezialisten für digitale und Cyber-Technologien. Mögen die Chefs der großen Internetkonzerne auf ihrer völligen Unabhängigkeit von staatlichen Behörden insistieren, so ist doch die Verwobenheit beider Welten nicht zu leugnen.

Somit war Deutschland in seiner Reaktion auf die islamistischen Gefahren und auf die Snowden-Enthüllungen ein außen- wie innenpolitischer Sonderfall unter den westlichen Demokratien. Das Parlament schränkte die Befugnisse der Geheimdienste ein, statt ihre Tätigkeit insgesamt effizienter zu machen. Man konnte beinahe glauben, die deutschen Sicherheitsbehörden seien gefährlicher als die Bedrohung, mit deren Bekämpfung sie beauftragt waren.

Zugleich wirkte die Bundesrepublik Deutschland angesichts des Staatszerfalls und der Flüchtlingskatastrophen im arabischen Raum wie gelähmt. Insofern erklärte sich das Merkel'sche

«Wir schaffen das» vermutlich so, dass die deutsche Außenpolitik sehr viel stärker den genannten wohltätigen Illusionen verpflichtet war als Staaten wie Großbritannien und Frankreich, die seit langem die Umwälzungen in der arabischen Welt als akute Bedrohung für die eigene Sicherheit erkannt und deshalb in der Terrorismusbekämpfung frühzeitig einen sehr viel härteren Kurs eingeschlagen hatten.

Dabei brauchte es keine prophetischen Gaben, um zu erkennen, dass die deutsche Art des regierungsamtlichen und parlamentarischen Umganges mit den Geheimdiensten das öffentliche Unbehagen eher schürte als besänftigte. Da passte das römische Sprichwort, dass auch bei unwahren Behauptungen «immer etwas hängenbleibt». Wenn also die Politik weiterhin so viel Misstrauen zum Ausdruck brachte, konnten sich auch brave, staatstreue Bürger, die nicht zu Verschwörungsphantasien neigten, die Frage stellen, ob man den deutschen Sicherheitsorganen, insbesondere den Geheimdiensten, vertrauen dürfe.

In den deutschen Debatten, vor allem im Rahmen des NSA-Untersuchungsausschusses, ging man explizit davon aus, dass eine verstärkte parlamentarische Kontrolle von Geheimdiensten den Schutz der Bürgerrechte verbessern würde. Aber stimmte das überhaupt? Im Geist der alten Radio-Eriwan-Witze wäre diese Frage mit *«im Prinzip ja, aber ...»* zu beantworten. Denn die Praxis der parlamentarischen Aufsicht weist eher in eine andere Richtung. Vor allem die Erfahrungen in den USA und in Deutschland, wo die parlamentarische Kontrolle sehr viel weitreichender ist als in anderen westlichen Demokratien, stimmen skeptisch.

Die USA erlebten in den vergangenen Jahrzehnten die größten Geheimdienstskandale und zugleich massive Missbräuche der Geheimdienste durch die Exekutive, obwohl es bereits seit Mitte der 1970er Jahre ein Kontrollregime gab, das weiter und tiefer reichte als irgendwo sonst auf der Welt. Als Beispiele nehme man die Terroranschläge von 9/11 und den Streit um die angeblichen Massenvernichtungswaffen (WMD) sowie die Querverbindungen zwischen al-Qaida und der Diktatur Saddam Husseins im Irak (2002/03). Im einen Fall wusste der Kongress seit langem, wie schlecht die US-Geheimdienste untereinander kooperierten. Im anderen war er darüber unterrichtet, wie fadenscheinig die Beweise der Bush-Administration für die Existenz irakischer WMD-Programme waren und dass Saddam mit al-Qaida nichts zu tun hatte. Als dann die Fakten bekannt wurden, wollten die Parlamentarier von einer Mitschuld nichts wissen und schoben alles auf die Regierung.

Auch in Deutschland war das NSU-Desaster bei Polizei und Verfassungsschutz möglich, obgleich beide seit Jahrzehnten einer vielfältigen Kontrolle in Bund und Ländern unterlagen. Als in der Folge von 9/11 die deutschen Sicherheitsgesetze verschärft wurden, war eine nochmalige Ausweitung der parlamentarischen Kontrolle der Geheimdienste des Bundes erfolgt, per Gesetz von 2009. Dieses Kontrollrecht erlaubte unangemeldete Besuche aller Liegenschaften und Einrichtungen sowie die Vorladung ausnahmslos jeden Mitarbeiters, wo andere Demokratien nur die Vorladung der jeweiligen Geheimdienstchefs zuließen. Umso seltsamer mag es erscheinen, dass einige dieser Kontrollinstrumente jahrelang gar nicht ausgeschöpft wurden, vor allem die Möglichkeit, entsprechend sicherheitsüberprüfte wissenschaftliche Mitarbeiter zu beschäftigen, die den Abgeordneten bei der Sichtung von Akten und Datenbergen behilflich sein würden, um zugleich damit eine langjährige Kontinuität an Expertise zu etablieren. Erst mit einer Novellierung von 2016 kam eine solche Expertengruppe zustande, seit 2017 mit einem «Ständigen Bevollmächtigten» (Juristen) an der Spitze.

Obwohl also eine erweiterte parlamentarische Kontrollbefugnis zugleich mit einer erweiterten Verantwortung für die Geheimdienste verbunden war, erschienen Parlamentarier und sogar Mitglieder des Parlamentarischen Kontrollgremiums (PKGr) immer wieder in den Fernseh- und Rundfunkstudios, um ihr Nicht-Wissen zu diesem oder jenem Skandal mit der Begründung zu beteuern, in Deutschland gebe es keine wirksame parlamentarische Kontrolle der Nachrichtendienste. Wer jedoch die Möglichkeit hatte, alle Fragen an alle Verantwortlichen, nämlich die Geheimdienstleute und ihre exekutiven Auftraggeber, zu richten und (nahezu) alle Akten einzusehen, konnte diese Verantwortung nicht so einfach von sich weisen. Im Übrigen umfasste die parlamentarische Kontrolle nicht nur die Prüfung auf Rechtmäßigkeit und Sinnhaftigkeit der geheimdienstlichen Tätigkeit, sondern auch eine Mitverantwortung für ihre Effizienz (oder Ineffizienz), einschließlich der Frage, ob das eingesetzte Personal und die technische Ausstattung den sicherheitspolitischen Anforderungen entsprechen. Ansonsten prüft der Bundestag den Mittelbedarf und bewilligt das Geld, und wenn er die bestehenden Gesetze für unzureichend hält, kann er neue verabschieden.

Im Bereich der Cyber-Abwehr und insgesamt der Spionageabwehr waren die Defizite in Deutschland besonders gravierend, vor allem wenn man sie mit den hohen Investitionen in Großbritannien und Frankreich vergleicht. Experten behaupteten, selbst die technisch fortschrittlichsten westeuropäischen Staaten seien gegenüber den USA in puncto Internet etwa zehn Jahre im Rückstand. Vielleicht waren es ein paar Jahre weniger. Aber selbst das wäre bereits ein gewaltiges Defizit, wenn man das rasante Entwicklungstempo in der Netzwelt betrachtet. So gesehen waren die Snowden-Enthüllungen ein schmerzlicher Weckruf, der die deutsche Rückständigkeit bei der Abwehr von Bedrohungen aus dem Internet bloßstellte. Man begann zu fragen, was eigentlich der Bundestag, die politischen Parteien und die Regierungen getan hatten, um diesen Rückstand und damit die Gefährdung der Bürgerrechte rechtzeitig zu erkennen und nicht noch größer werden zu lassen.

9. Perspektiven

Seit längerem befindet sich die Bundesrepublik auf einem sicherheitspolitischen Sonderweg. Die massiven Budgetkürzungen bei der Bundeswehr haben ihre Einsatzbereitschaft auf eine Restgröße reduziert, und die gesetzlich stark verringerten Aufklärungsmöglichkeiten haben den BND deutlich von seinen vergleichbaren westlichen Partnern abgehängt, insbesondere in der technischen Aufklärung. Die Folgen lassen sich bislang nicht abschätzen. Klar ist nur, dass die Bundesrepublik durch den islamistischen Terrorismus, die Bürgerkriege in Mittelost und Nordafrika sowie die damit ausgelösten Flüchtlingskatastrophen und durch neuartige Bedrohungen wie den Cyber-Warfare nicht weniger bedroht ist als andere westliche Demokratien.

Da der islamistische Terrorismus Leib und Leben aller Bürger bedroht, könnte man vermuten, dass der Verfassungsschutz auf stärkere öffentliche Akzeptanz zählen konnte als der BND. Doch das war nicht der Fall. Im Gegenteil. Seine Reputation stürzte jäh ab, als im November 2011 die Mordserie des «Nationalsozialistischen Untergrunds» (NSU) aufgedeckt wurde, der zwischen 2000 und 2007 neun Personen mit türkischem oder griechischem Migrationshintergrund und eine Polizistin zum Opfer fielen, ohne dass Polizei und Verfassungsschutz den rechtsextremen Hintergrund erkannt oder zumindest die von nur zwei Männern in neun Fällen mit einer einzigen Pistole begangenen Morde miteinander verknüpft hätten. Die Mordserie flog überhaupt erst durch den Suizid der beiden Haupttäter auf. Was dann in einer Reihe von parlamentarischen Untersuchungsausschüssen im Bund und bei den betroffenen Ländern (sowie beim Strafprozess unter anderem gegen eine Mittäterin) ans Tageslicht kam, war ein Behördenversagen ungeahnten Ausmaßes, das die Rücktritte aller Präsidenten der betroffenen Verfassungsschutz-Ämter erforderte.

Nun galt es, den Verfassungsschutz grundlegend zu reformieren und dabei stärker auf die Bedrohung durch ausländerfeindliche Gruppierungen und gewaltbereite Migranten auszurichten – eine Bedrohung, die angesichts der beispiellosen Migrantenströme der Jahre 2015 und 2016 eine bislang unbekannte Dimension erreichte. Hinzu kam eine verstärkte Gefährdung der Bundesrepublik durch ausländische Geheimdienstangriffe, vor allem russische und chinesische, aber auch durch vergleichbare Strukturen nicht-staatlicher Akteure wie des «Islamischen Staates». Hatte man nach Ende des Ost-West-

Konfliktes die «klassische» Spionageabwehr stark reduziert, übrigens auch im BND, so musste man bald erkennen, dass neue Gefahren drohten, für die man nicht oder völlig unzureichend gerüstet war. Unabsehbar ist das Ausmaß der Bedrohung aus dem Internet, gemeint ist der Cyber-Warfare und die Bedrohung der «kritischen Infrastruktur» (Strom, Wasser, Verkehr, Internet, Krankenversorgung, Banken, Sicherheitsbehörden usw.). Diese Bedrohung wurde durch das «Internet der Dinge», also die digitale Steuerung großer Teile dieser Infrastruktur über das Internet, massiv erhöht, ohne dass die Bundesrepublik auch nur annähernd so viel in Abwehrinstrumente und zusätzliches Personal investiert hätte, wie es in vergleichbaren westlichen Staaten geschah. Auch hier ist ein deutscher Sonderweg zu konstatieren.

Die Gründe haben offensichtlich nichts mit fehlenden öffentlichen Finanzmitteln zu tun, sondern sind in den dominanten politischen Mentalitäten gegenüber der Sicherheitspolitik zu suchen, welche die Bundesrepublik seit langem charakterisieren. Zur Erklärung bietet es sich an, erneut auf die eingangs genannten Grundmuster der Perzeption von geheimen Nachrichtendiensten hinzuweisen, wonach auf der einen Seite diese Dienste als unverzichtbare staatliche Sicherheitsbehörden gesehen werden, während auf der anderen Seite ihre wesensmäßige Unvereinbarkeit mit der demokratischen Rechtsstaatlichkeit und ihr latentes Bedrohungspotential für bürgerliche Rechte und Freiheiten postuliert werden. Aus der ersten Sichtweise folgt, dass die Reglementierung der Dienste möglichst gering zu halten sei, insbesondere bei der Tätigkeit im Ausland, um ein hohes Maß an Effizienz und Flexibilität zu gewährleisten. Diesen Gedanken findet man noch im BND-Gesetz von 1990, wo die Aufgaben des Auslandsdienstes mit äußerst knappen Worten umrissen werden: Der BND «sammelt zur Gewinnung von Erkenntnissen über das Ausland, die von außen- und sicherheitspolitischer Bedeutung für die Bundesrepublik Deutschland sind, die erforderlichen Informationen und wertet sie aus» (Paragraph 1). Einige Jahre später führte das Vordringen des Datenschutzgedankens schrittweise zu vielerlei Einschränkungen, insbesondere hinsichtlich der Weitergabe von Daten an andere deutsche Behörden.

Das Ergebnis dieser Prozesse ist eine zunehmend ins Detail gehende Verrechtlichung bei der Erhebung, Nutzung und Weitergabe von nachrichtendienstlichen Daten und Erkenntnissen, die sich vor allem bei der Telefon- und Internetüberwachung weiterhin fortsetzt. Dieses Denken fand seinen Niederschlag im novellierten BND-Gesetz von 2016/2017, wo die Überwachung der sogenannten «Ausland-Ausland»-Kommunikation mit juristischer Akribie bis in alle Einzelheiten reglementiert und im Ergebnis stark eingeschränkt wurde. Das Gleiche gilt für die parlamentarische Kontrolle, die beispielsweise in der französischen Geheimdienstgesetzgebung vom Sommer 2015 stellenweise zurückgenommen, in Großbritannien weiterhin in engen Grenzen gehalten wird, in Deutschland jedoch noch erheblich ausgedehnt wurde. Interessanterweise gab es von den Parteien der «politischen Mitte», auch in der 2013 gebildeten Großen Koalition, kaum Versuche, diese Entwicklung zu bremsen – beispielsweise unter Hinweis auf die innere und äußere Bedrohungslage.

Schließlich sei auf einen anderen Aspekt dieser Verrechtlichung hingewiesen, der kaum je öffentlich diskutiert wird: das überwiegend aus Verwaltungsjuristen bestehende Führungspersonal der Dienste. Das mag für den Verfassungsschutz angemessen sein, wo von bislang 14 BfV-Präsidenten nur zwei aus dem höheren Polizeidienst kamen. Im BND allerdings erscheint dieses Rekrutierungsmuster weniger einleuchtend – beispielsweise im Vergleich mit Frankreich, dessen Auslandsdienst DGSE traditionell entweder von hohen Offizieren oder von erfahrenen Diplomaten (oder Präfekten aus den Überseegebieten) geleitet wird, die allesamt über profunde Auslandserfahrungen verfügen, zumeist in den Krisengebieten der Dritten Welt. Dagegen waren von bislang 13 BND-Präsidenten nur zwei ehemalige Berufsoffiziere (bis 1978), nur ein einziger Diplomat, dafür aber zwei Berufspolitiker und (seit 1996) vier Verwaltungsjuristen sowie einer leitender Beamter mit Führungserfahrung in Polizei und Verfassungsschutz (zwei Interimspräsidenten bleiben hier außer Betracht). Eberhard Blum (1982–1985) hatte als Einziger eine durchgängige Laufbahn im BND aufzuweisen.

Diese Karrieren sagen gewiss nichts über die Führungsqualitäten dieser Einzelpersonen aus, aber seitens der Politik ist doch unverkennbar, dass die Professionalität der Auslandsaufklärung ebenso wie die profunde Auslandserfahrung auf Distanz gehalten wird. Dazu passt, dass die deutschen Bundeskanzler bislang wenig Interesse für den BND zeigten, obgleich dieser seit Anbeginn dem Kanzleramt untersteht. Einige Kanzler verkündeten öffentlich, sie würden lieber Zeitungen lesen als BND-Berichte. Ein persönliches Briefing durch den Geheimdienstchef, wie es in den USA nahezu tägliche Praxis («President's Daily Brief») und auch sonst in der westlichen Welt üblich ist, wäre in Deutschland undenkbar. Die deutschen Geheimdienstchefs treffen einmal pro Woche (dienstags) mit den einschlägigen Staatssekretären (nicht einmal mit deren Ministern) zusammen. Mehr nicht. Insofern ist es verwunderlich, wenn in Berlin immer wieder ein «nationaler Sicherheitsrat» (zuletzt durch Verteidigungsministerin Annegret Kramp-Karrenbauer) gefordert wird, wie es ihn beispielsweise in Frankreich und in den USA gibt.

Man geht nicht fehl, wenn man diese zunehmende Verrechtlichung und Eingrenzung der Handlungsmöglichkeiten bei den deutschen geheimen Nachrichtendiensten als Ergebnis der zweiten hier angesprochenen Perzeption sieht. Sie folgt einer ordnungspolitischen Logik, nach der die nachrichtendienstliche Tätigkeit ein hohes Risiko für den demokratischen Staat darstellt und deshalb auf ein Minimum reduziert werden soll, wenn schon ihre völlige Abschaffung, die im parlamentarischen Raum durchaus zur Debatte steht, politisch nicht opportun erscheint. Angesichts der weltweiten, vor allem auch europäischen Terroranschläge der jüngsten Vergangenheit sowie der nicht absehbaren Flüchtlingsströme aus dem Nahen und Mittleren Osten, aus Nordafrika, aus Afghanistan sowie vom Balkan zeichnete sich im Jahr 2016 ein Konsens im linken und grünen Teil des Parteienspektrums ab, wonach man zusätzliche Finanzmittel und Dienstposten lieber den Polizeikräften als den geheimen Nachrichtendiensten gewähren wollte. Allenfalls für die Spionageabwehr im Bereich des Verfassungsschutzes sowie für die Abwehr von Cyber-Angriffen sollten nennenswerte zusätzliche Mittel bereitgestellt werden. Somit blieben, um es zugespitzt zu formulieren, unter den drei großen Bereichen der staatlichen Sicherheitsorgane – Polizei, Militär und geheime Nachrichtendienste – die Dienste von jener breiten gesellschaftlichen und politischen Akzeptanz ausgeschlossen, die für die beiden anderen seit Jahrzehnten zum deutschen Selbstverständnis gehört.

Die Auswirkungen dieser politischen Stimmungslage sind im innerstaatlichen Bereich nicht klar zu erkennen, solange Deutschland von großen Terroranschlägen wie in Spanien, Großbritannien, Frankreich, Belgien, in den USA oder in der Türkei verschont bleibt. Außenpolitisch wäre jedoch mit erheblichen Auswirkungen zu rechnen, wenn die deutschen Dienste nicht mehr im erwarteten Umfang kooperieren, Erkenntnisse gewinnen und austauschen sowie an gemeinschaftlichen Operationen partizipieren dürften. Ob sich Deutschland als Trittbrettfahrer westlicher Sicherheitspolitik verhält – ein häufig geäußerter Vorwurf aus den USA (nicht erst seit der Trump-Administration!) – oder in weiser Selbstbeschränkung übt, kann an dieser Stelle nicht weiter erörtert werden. Ebenso wenig lässt sich absehen, ob dieser deutsche Sonderweg der Sicherheitspolitik, einschließlich der Geheimdienstpolitik, auf Dauer tragfähig ist.

Diese Selbstbeschränkung ist im Verhältnis zu China deutlich erkennbar. Im Unterschied zu anderen europäischen Staaten, beispielsweise Griechenland, Ungarn, Rumänien und Italien, lässt sich Deutschland zwar nicht so offensichtlich in die Expansionsstrategie Pekings («Neue Seidenstraße») einbinden – abgesehen von einer neuen Verbindung für Güterzüge aus Fernost. Aber China ist heute der wichtigste Handelspartner Deutschlands, und diese Tatsache allein beschränkt bereits den Handlungsspielraum der Berliner Politik. Das zeigte sich in der «Corona-Krise» von 2020, als der Flugverkehr zwischen Deutschland und China – aus politischer Rücksichtnahme – viel zu spät eingestellt wurde, um das Infektionsrisiko abzuwenden. An der Suche nach dem Ursprung der COVID-19-Infektion, der nicht nur in der zentral-chinesischen Metropole Wuhan, sondern nach Vermutung von CIA und verschiedenen westlichen Sicherheitsexperten in einem Biotech-Labor der höchsten Sicherheitsstufe (nahe Wuhan) vermutet wird, will sich Deutschland offenbar nicht beteiligen. Im «Wuhan Institut für Virologie» mag es einen Unfall gegeben haben, aber auch ein (völkerrechtlich verbotenes) Biowaffenprogramm könnte dahinterstecken. Chinas Desinformationskampagne zu Corona, für die es handfeste Beweise gibt, trifft in Berlin auf eisiges Schweigen, obwohl zu vermuten ist, dass sich zumindest der BND damit befasst und dazu im Austausch mit Partnerdiensten steht. Während Australien und die USA eine unabhängige COVID-19-Expertenkommission einrichten wollen, ließ Berlin verlauten, man sei vollauf mit der Bekämpfung der Pandemie im eigenen Land beschäftigt, weniger mit der Suche nach ihrer Herkunft.

Selbstverständlich wissen die deutschen Geheimdienste um die verdeckte Beeinflussung der deutschen Politik durch chinesische Geheimdienste. Auch die Entsendung chinesischer Studenten und Praktikanten, mit denen deutsche Hochtechnologie ausgespäht wird und deutsche Wissenschaftler sowie andere Experten verdeckt angeworben werden, ist dem Verfassungsschutz bestens vertraut und wurde öffentlich gemacht. Doch beim internationalen Streit um den Huawei-Konzern, der über Schlüsseltechnologien für den Aufbau des künftigen 5G-Mobilfunknetzes verfügt, versucht Berlin den Ball flach zu halten und sich den amerikanischen Sanktionsdrohungen zu entziehen. Großbritannien will Huawei zumindest aus den Bereichen der «kritischen Infrastruktur» ausschließen. Deutschland möchte nicht «... vorab einen Ausschluss konkreter Hersteller von Netzwerkkomponenten vom 5G-Netzausbau vornehmen», wie es in einem internen Bericht der Bundesregierung vom April 2020 heißt. Damit könnten auch amerikanische oder andere Firmen gemeint sein.

Mögliche Lücken oder «Fenster» in diesem neuen Netzwerk würden es Regierungen, Konzernen oder Verbrechern erlauben, die Kontrolle über das «Internet der Dinge» zu übernehmen oder Netzwerke zumindest massiv zu stören. Schreck-Szenarien dieser Art kennt man bereits aus Horrorfilmen und -romanen, deren Prophetien sich schon oft als zutreffend erwiesen haben. Eine neue Form des Cyber Warfare stünde uns bevor, der alle staatlichen Sicherheitsbehörden auf den Plan rufen müsste – nicht zuletzt auch die Geheimdienste.

Kurzum: Die großen Felder der außen- und sicherheitspolitischen Bedrohungen für die kommenden Jahre sind bekannt. Neue können hinzukommen, aber die hinreichend bekannten werden gewiss nicht verschwinden. Somit wissen wir (zumindest weitgehend), womit sich die deutschen geheimen Nachrichtendienste in der nächsten Zukunft befassen werden. Ihre Strukturen, ihr rechtlicher und organisatorischer Rahmen sind ebenso bekannt. Spekulieren lässt sich allenfalls darüber, wie die Politik mit den genannten Herausforderungen umgehen und in welchem Umfang sie ihre Geheimdienste zur Bewältigung heranziehen wird. Anders gewendet: In Deutschland sind die geheimen Nachrichtendienste weit weniger rätselhaft als die politischen Stimmungen und die aus ihnen resultierende Politik angesichts äußerer und innerer Gefahren. Deshalb macht es wenig Sinn, «die Dienste» nur als bürokratische Apparate zu studieren. Erst mit Blick auf die deutsche Außen- und Sicherheitspolitik sowie im internationalen Vergleich erkennt man den Sonderweg der Berliner Geheimdienstpolitik.

Ausgewählte Bücher und Quellen

Standard- und Nachschlagewerke

Andrew, Christopher: The Secret World. A History of Intelligence (2018).

Bauer, Friedrich: Entzifferte Geheimnisse. Methoden und Maximen der Kryptologie, 3., erw. Aufl. (2000).

Dietrich, Jan-Hendrik/Eiffler, Sven-R. (Hrsg.): Handbuch des Rechts der Nachrichtendienste (2017).

Droste, Bernadette: Handbuch des Verfassungsschutzrechts (2007).

Engelmann, Roger (Hrsg.): Das MfS-Lexikon. Begriffe, Personen und Strukturen der Staatssicherheit der DDR, 3. Aufl. (2016).

Graaf, Bob de/Nyce, James M. (Hrsg.): The Handbook of European Intelligence Cultures (2016).

Kahn, David: Hitler's Spies: German Military Intelligence in World War II (2000).

Kauffer, Rèmi: Histoire Mondiale des services secrets de l'Antiquité à nos jours (2015).

Krieger, Wolfgang (Hrsg.): Geheimdienste in der Weltgeschichte. Spionage und verdeckte Aktionen von der Antike bis zur Gegenwart (2003).

Krieger, Wolfgang: Geschichte der Geheimdienste. Von den Pharaonen bis zur NSA, 3., erw. Aufl. (2014).

Pahl, Magnus et al. (Hrsg.): Achtung Spione! Geheimdienste in Deutschland 1945 bis 1956 (2016).

Piekalkiewicz, Janusz: Weltgeschichte der Spionage (1993).

Roewer, Helmut/Schäfer, Stefan/Uhr, Matthias (Hrsg.): Lexikon der Geheimdienste im 20. Jahrhundert (2003).

Unabhängige Historikerkommission (UHK) zur Erforschung der Geschichte des Bundesnachrichtendienstes 1945–1968, 15 Bde., herausgegeben von Jost Dülffer, Klaus-Dietmar Henke, Wolfgang Krieger und Rolf-Dieter Müller.

Warner, Michael: The Rise and Fall of Intelligence. An International Security History (2014).

Quellen

Bonnecarrère, Philippe (Sénateur): Rapport d'information fait au nom de la commission des affaires européennes sur l'extraterritorialité des sanctions américaines, N 17, Sénat/République française (enregistré le 4 octobre 2018).

Critchfield, James: Auftrag Pullach: Die Organisation Gehlen 1948–1956 (2005).
Gehlen, Reinhard: Der Dienst. Erinnerungen, 1942–1971 (1968).
Gempp, Friedrich: Geheimer Nachrichtendienst und Spionageabwehr des Heeres («Gempp-Bericht», BA-Militärarchiv, Freiburg).
Juretzko, Norbert/Dietl, Wilhelm: Bedingt dienstbereit. Im Herzen des BND – die Abrechnung eines Aussteigers (2005).
Lattka, Heike: «Vergeben kann ich nicht», in: FAZ (22.6.2007) (ein Gespräch mit Carl-Hasso von Bredow).
Lettow-Vorbeck, Paul (Hrsg.): Weltkriegsspionage (1931).
Müller, Norbert/Kaden, Helma/ Grahn, Gerlinde (Bearb.): Das Amt Ausland/Abwehr im Oberkommando der Wehrmacht. Eine Dokumentation (2007).
Ronge, Max: Kriegs- und Industriespionage. Zwölf Jahre Kundschafterdienst (1930).
Ruffner, Kevin (Hrsg.): Forging an Intelligence Partnership: CIA and the Origins of the BND 1945–1956, 4 Bde., CIA History Office, Washington DC (1999/2006).
Stoffel, Eugène: Rapports Militaires, Écrits de Berlin 1866–1870 (1871).
Strenge, Irene: Ferdinand von Bredow. Notizen vom 20.2.1933 bis 31.12.1933. Tägliche Aufzeichnungen vom 1.1.1934 bis 28.6.1934 (2009).
Wentker, Hermann: Die DDR in den Augen des BND (1985–1990) – ein Interview mit Dr. Hans-Georg Wieck, in: Vierteljahrshefte für Zeitgeschichte, 56/2 (2008).
Wieck, Hans-Georg: Die DDR aus der Sicht des BND 1985–1990 (Vortrag am 20.4.2004), http://hans-georg-wieck.com/wp-content/uploads/2018/06/2004_ddr_bnd_1985-1990.pdf (letzter Zugriff 16.4.2020).
Wieck, Hans-Georg: Gefälschte offizielle Statistiken übernommen, Leserbrief in der FAZ (10.12.2003).

Darstellungen

Altenhöner, Florian: Augen und Ohren der Reichswehr. Der Geheime Meldedienst der Abwehr, 1919–1933, in: Medrow, Lisa/Münzner, Daniel/Radu, Robert (Hrsg.), Kampf um Wissen. Spionage, Geheimhaltung und Öffentlichkeit 1870–1940 (2015).
Baumann, Imanuel et al.: Schatten der Vergangenheit. Das BKA und seine Gründungsgeneration in der frühen Bundesrepublik (2011).
Boghardt, Thomas: Dirty Work? The Use of Nazi Informants by U.S. Army Intelligence in Postwar Europe, in: Journal of Military History 79/2 (2015).
Breitman, Richard et al. (Hrsg.): U.S. Intelligence and the Nazis (2005).
Browning, Christopher: Ganz normale Männer. Das Reserve-Polizei-Bataillon 101 und die «Endlösung» in Polen, 9., erw. Aufl. (1999; engl. Neuauflage 2017).
Brückner, Hilmar-Detlef: Die deutsche Heeresfernmeldeaufklärung im

Ersten Weltkrieg an der Westfront, in: Schmidt (Hrsg.), Geheimdienste, Militär und Politik in Deutschland (2012).

Brückner, Hilmar-Detlef: Die Nachrichtenoffiziere (N. O.) in der Sektion/Abteilung III B des Großen Generalstabes der Preußisch-Deutschen Armee 1906–1918, in: Schmidt (Hrsg.), Geheimdienste, Militär und Politik in Deutschland (2012).

Brückner, Hilmar-Detlef: Wilhelm Stieber (1818–2018) oder: Wie sich alternative Wirklichkeit durchsetzt (2018).

Buchheit, Gert: Der deutsche Geheimdienst. Geschichte der militärischen Abwehr (1966).

Buschfort, Wolfgang: Fritz Tejessy (1895–1964). Verfassungsschützer aus demokratischer Überzeugung, in: Krüger, Dieter/Wagner, Armin (Hrsg.), Konspiration als Beruf. Deutsche Geheimdienstchefs im Kalten Krieg (2003).

Buschfort, Wolfgang: Geheime Hüter der Verfassung. Von der Düsseldorfer Informationsstelle zum ersten Verfassungsschutz der Bundesrepublik 1947–1961 (2004).

Buschfort, Wolfgang: Parteien im Kalten Krieg. Die Ostbüros von SPD, CDU und FDP (2000).

Conze, Eckart: Die Suche nach Sicherheit. Eine Geschichte der Bundesrepublik Deutschland von 1949 bis in die Gegenwart (2009).

Dams, Carsten: Staatsschutz in der Weimarer Republik. Die Überwachung und Bekämpfung der NSDAP durch die preußische politische Polizei von 1928 bis 1932 (2002).

Deubner, Christian: Ludwig Deubner. A professor from Königsberg and the birth of German signals intelligence in WWI, in: Journal of Intelligence History 18/2 (2019).

Doerries, Reinhard R.: Die Tätigkeit deutscher Agenten in den USA während des Ersten Weltkrieges und ihr Einfluß auf die diplomatischen Beziehungen zwischen Washington und Berlin, in: ders. (Hrsg.), Diplomaten und Agenten. Nachrichtendienste in der Geschichte der deutsch-amerikanischen Beziehungen (2001).

Doerries, Reinhard R.: Hitler's Intelligence Chief Walter Schellenberg (2009).

Doerry, Martin/Janssen, Hauke (Hrsg.): Die Spiegel-Affäre. Ein Skandal und seine Folgen (2013).

Dülffer, Jost: Geheimdienst in der Krise. Der BND in den 1960er Jahren, UHK Bd. 8 (2018).

Faatz, Martin: Vom Staatsschutz zum Gestapo-Terror. Politische Polizei in Bayern in der Endphase der Weimarer Republik und in der Anfangsphase der nationalsozialistischen Diktatur (1995).

Foschepoth, Josef: Überwachtes Deutschland. Post- und Telefonüberwachung in der alten Bundesrepublik, 5. Aufl. (2017).

Frei, Norbert: Vergangenheitspolitik. Die Anfänge der Bundesrepublik und die NS-Vergangenheit (2012).

Friis, Thomas Wegener/Müller-Enbergs, Helmut: DDR-Spionage. Von Albanien bis Großbritannien (2018).
Gieseke, Jens: Deutsche Demokratische Republik, in: Kaminski, Lukasz/Persak, Krysztof/Gieseke, Jens (Hrsg.), Handbuch der kommunistischen Geheimdienste in Osteuropa 1944–1991 (2009).
Gieseke, Jens: Die Stasi: 1945–1990 (2011).
Goschler, Constantin/Wala, Michael: «Keine neue Gestapo» – Das Bundesamt für Verfassungsschutz und die NS-Vergangenheit (2015).
Graaf, Beatrice de/Jong, Ben de/Platje, Wies (Hrsg.): Battleground Western Europe. Intelligence Operations in Germany and the Netherlands in the 20th Century (2007).
Daly-Groves, Luke: Control not morality? Explaining the selective employment of Nazi war criminals by British and American intelligence agencies in occupied Germany, in: Intelligence and National Security 35/3 (2020).
Hammerich, Helmut R.: «Stets am Feind!»: Der Militärische Abschirmdienst (MAD) 1956–1990 (2019).
Hechelhammer, Bodo V.: Spion ohne Grenzen. Heinz Felfe – Agent in sieben Geheimdiensten (2019).
Heidenreich, Ronny/Münkel, Daniela/Stadelmann-Wenz, Elke: Geheimdienstkrieg in Deutschland. Die Konfrontation von DDR-Staatssicherheit und Organisation Gehlen 1953, UHK Bd. 3 (2016).
Heidenreich, Ronny: Die DDR-Spionage des BND. Von den Anfängen bis zum Mauerbau, UHK Bd. 11 (2019).
Henke, Klaus-Dietmar: Geheime Dienste. Die politische Inlandsspionage der Organisation Gehlen 1946–1953, UHK Bd. 10 (2018).
Henkel, Rüdiger: Was treibt den Spion? (2001).
Herbstritt, Georg: Bundesbürger im Dienst der DDR-Spionage (2007).
Hilger, Andreas/Müller, Armin: «Das ist kein Gerücht, sondern echt.» Der BND und der «Prager Frühling» 1968, UHK Studien Nr. 4 (2014).
Horn, Eva: Der geheime Krieg. Verrat, Spionage und moderne Fiktion (2007).
Howell, Esther-Julia: Von den Besiegten lernen? Die kriegsgeschichtliche Kooperation der U.S. Armee und der ehemaligen Wehrmachtselite 1945–1961 (2015).
Hüllen, Richard van/Grumke, Thomas: Der Verfassungsschutz. Grundlagen, Gegenwart, Perspektiven (2016).
Jähnicke, Burkhart: Washington und Berlin zwischen den Kriegen. Die Mixed Claims Commission in den transatlantischen Beziehungen (2003).
Kaufmann, Bernd et al.: Der Nachrichtendienst der KPD 1919–1937 (1993).
Kesselring, Agilolf: Die Organisation Gehlen und die Neuformierung des Militärs in der Bundesrepublik, UHK Bd. 6 (2017).
Knabe, Hubertus: Die unterwanderte Republik (2001).

Kostka, Bern/Kellerhoff, Sven Felix: Hauptstadt der Spione. Geheimdienste in Berlin im Kalten Krieg (2016).

Krähnke, Uwe et al. (Hrsg.): Im Dienst der Staatssicherheit. Eine soziologische Studie über die hauptamtlichen Mitarbeiter des DDR-Geheimdienstes (2017).

Krieger, Wolfgang: Das Parlament und die Geheimdienste, in: Merkur 68/9 (2014).

Krieger, Wolfgang: Der Kalte Krieg in der Geschichte der internationalen Beziehungen. Tatsachen, Tabus und unbequeme Fragen, in: Gruner, Wolf-D./Hoser, Paul (Hrsg.), Wissenschaft – Bildung – Politik von Bayern nach Europa (Festschrift für Ludwig Hammermayer zum 80. Geburtstag) (2008).

Krieger, Wolfgang: Der Staat soll alles können, aber nichts dürfen, in: INDES, 4 (2015).

Krieger, Wolfgang: Geheimdienstgeschichte als Wissensgeschichte: Historische Grundlinien, in: Medrow, Lisa/Münzner, Daniel/Radu, Robert (Hrsg.), Kampf um Wissen. Spionage, Geheimhaltung und Öffentlichkeit 1870–1940 (2015).

Krieger, Wolfgang: General Lucius D. Clay und die amerikanische Deutschlandpolitik 1945–1949 (1987).

Krieger, Wolfgang: Oversight of Intelligence. A Comparative Approach, in: Agrell, Wilhelm/Treverton, Gregory F. (Hrsg.), National Intelligence Systems. Current Research and Future Prospects (2013).

Krieger, Wolfgang: Partnerdienste: Die Beziehungen des BND zu den Geheimdiensten der westlichen Siegermächte, 1946–1968, UHK Bd. 12 (erscheint voraussichtlich 2020).

Krieger, Wolfgang (Hrsg. in Verbindung mit Andreas Hilger und Holger Meding): Der BND als Auslandsnachrichtendienst – Beschaffung, Operationen, Netzwerke, UHK Bd. 13 (erscheint voraussichtlich 2021).

Krieger, Wolfgang: The German Intelligence Community, in: Graaff, Bob de/Nyce, James M. (Hrsg.), Handbook of European Intelligence Cultures (2016).

Krieger, Wolfgang: U.S. Patronage of German postwar intelligence, in: Johnson, Loch (Hrsg.), Handbook of Intelligence Studies (2007).

Leide, Henry: NS-Verbrecher und Staatssicherheit. Die geheime Vergangenheitspolitik der DDR (2005).

Lingen, Kerstin von: SS und Secret Service (2010).

Lübbe, Hermann: Vom Parteigenossen zum Bundesbürger. Über beschwiegene und historisierte Vergangenheiten (2007).

Luedke, Tilman: Jihad made in Germany: Ottoman and German Propaganda and Intelligence Operations in the First World War (2005).

Masala, Carlo: Weltunordnung. Die globalen Krisen und das Versagen des Westens (2016).

Meining, Stefan: Geheimakte Asyl. Wie die Politik in der Flüchtlingsfrage Deutschlands Sicherheit gefährdet. Ein Insiderbericht, 2. Aufl. (2019).

Meinl, Susanne/Hechelhammer, Bodo: Geheimobjekt Pullach. Von der NS-Mustersiedlung zur Zentrale des BND (2014).

Meinl, Susanne: Nationalsozialisten gegen Hitler. Die nationalrevolutionäre Opposition um Friedrich Wilhelm Heinz (2000).

Meisner, Heinrich-Otto: Militärattachés und Militärbevollmächtigte in Preußen und im Deutschen Reich (1957).

Meyer, Winfried: Klatt. Hitlers jüdischer Meisteragent gegen Stalin. Überlebenskunst in Holocaust und Geheimdienstkrieg (2015).

Mironenko, Sergej/Niethammer, Lutz/Plato, Alexander von (Hrsg.): Sowjetische Speziallager in Deutschland 1945–1950, 2 Bde. (1998).

Mueller, Michael: Canaris. Hitlers Abwehrchef (2007).

Müller-Enbergs, Helmut/Wagner, Armin (Hrsg.): Spione und Nachrichtenhändler. Geheimdienst-Karrieren in Deutschland 1939–1989 (2016).

Müller, Armin: Wellenkrieg. Agentenfunk und Funkaufklärung des Bundesnachrichtendienstes 1945–1968, UHK Bd. 5 (2017).

Müller, Peter F./Mueller, Michael: Gegen Freund und Feind. Der BND. Geheime Politik und schmutzige Geschäfte (2002).

Müller, Rolf-Dieter: Reinhard Gehlen. Die Biographie, 2 Bde., UHK Bd. 7 (2017).

Nehring, Christopher: Die 77 größten Spionage-Mythen enträtselt (2019).

Nowack, Sabrina: Sicherheitsrisiko NS-Belastung. Personalüberprüfung im Bundesnachrichtendienst in den 1960er Jahren, UHK Bd. 4 (2016).

O'Sullivan, Adrian: Nazi Secret Warfare in Occupied Persia (Iran): The Failure of the German Intelligence Services, 1939–45 (2014).

Omand, David et al.: Introducing Social Media Intelligence (SOCMINT), in: Intelligence and National Security, 27/6 (2012).

Omand, David: Securing the State (2010).

Pahl, Magnus: Fremde Heere Ost. Hitlers militärische Feindaufklärung (2012).

Pethö, Albert: Agenten für den Doppeladler. Österreich-Ungarns Geheimer Dienst im Weltkrieg (1998).

Pöhlmann, Markus: German Intelligence at War 1914–1918, in: Journal of Intelligence History, 5/2 (2005).

Rass, Christoph: Das Sozialprofil des Bundesnachrichtendienstes. Von den Anfängen bis 1968, UHK Bd. 1 (2016).

Richter, Walter: Der Militärische Nachrichtendienst der Nationalen Volksarmee der DDR und seine Kontrolle durch das Ministerium für Staatssicherheit (2004).

Sälter, Gerhard: Phantome des Kalten Krieges. Die Organisation Gehlen und die Wiederbelebung des Gestapo-Feindbildes «Rote Kapelle», UHK Bd. 2 (2016).

Scharlau, Wilfried/Zeman, Zbynek: The Merchant of Revolution. The Life of Alexander Israel Helphand (Parvus) (1965).

Schmid, Gerhard: Abhören in der Premiumklasse, in: Zeitschrift für Außen- und Sicherheitspolitik 7 (2014).

Schmid, Gerhard: Außer Spesen bisher nichts gewesen. Ein Essay zur NSA-Affäre, in: Jahrbuch öffentliche Sicherheit 15 (2014).

Schmidt, Jürgen W. (Hrsg.): Spionage, Terror und Spezialeinsatzkräfte. Fallstudien (2019).

Schmidt, Jürgen W. (Hrsg.): Geheimdienste, Militär und Politik in Deutschland (2012).

Schmidt, Jürgen W.: Gegen Russland und Frankreich. Der deutsche militärische Geheimdienst 1890–1914 (2006).

Schmidt, Jürgen W.: Zwischen Spionage und Diplomatie. Praktiken der Informationssammlung deutscher Diplomaten in China, 1896–1917, in: Medrow/Münzner/Radu (Hrsg.), Kampf um Wissen. Spionage, Geheimhaltung und Öffentlichkeit 1870–1940 (2015).

Schramm, Wilhelm von/Büchler, Hans: Geheimdienste im Zweiten Weltkrieg, 6. Aufl. (2002).

Siemann, Wolf: «Deutschlands Ruhe, Sicherheit und Ordnung». Die Anfänge der politischen Polizei 1806–1866 (1985).

Siemann, Wolf: Metternich. Stratege und Visionär (2016).

Soutour, Kevin: To Stem the Tide. The German Report Series and its Effect on American Defense Doctrine, 1948–1954, in: Journal of Military History, 57 (1993).

Stafford, David: Spies Beneath Berlin (2002).

Valle, Alexandre del/Razavi, Emmanuel: Le Projet. La stratégie de conquête et d'infiltration des Frères musulmans en France et dans le monde (2019).

Wagner, Armin/Uhl, Matthias: BND contra Sowjetarmee. Westdeutsche Militärspionage in der DDR (2007).

Wala, Michael: Die Abteilung «T 3», in: Doerries (Hrsg.), Diplomaten und Agenten (2001).

Waske, Stefanie: Mehr Liaison als Kontrolle. Die Kontrolle des BND durch Parlament und Regierung 1955–1978 (2008).

Waske, Stefanie: Nach Lektüre vernichten! Der geheime Nachrichtendienst von CDU und CSU im Kalten Krieg (2013).

Wegmann, Bodo: Die Militäraufklärung der NVA (2006).

Weiße, Günther K.: Geheime Funkaufklärung in Deutschland, 1945–1989 (2005).

Wieck, Hans-Georg: Demokratie und Geheimdienste, in: Collado Seidel, Carlos (Hrsg.), Geheimdienste, Diplomatie, Krieg. Das Räderwerk der Internationalen Beziehungen (2013).

Wildt, Michael: Generation der Unbedingten. Das Führungskorps des Reichssicherheitshauptamtes (2003).

Wilhelm, Hans-Heinrich: Die Prognosen der Abteilung Fremde Heere Ost 1942–1945, in: ders./de Jong, Louis, Zwei Legenden aus dem Dritten Reich (1974).

Witter, Maureen O'Connor: Sanctioned Spying. The Development of the Military Attaché in the Nineteenth Century, in: Jackson, Peter/Siegel,

Jennifer (Hrsg.), Intelligence and Statecraft. The Use and Limits of Intelligence in International Society (2005).

Wolf, Thomas: Die Entstehung des BND. Aufbau, Finanzierung, Kontrolle, UHK Bd. 9 (2018).

Personenregister